ロシア対外侵略史

北朝鮮の事例考

木村光彦
KIMURA Mitsuhiko

論創社

北朝鮮略図、終戦時

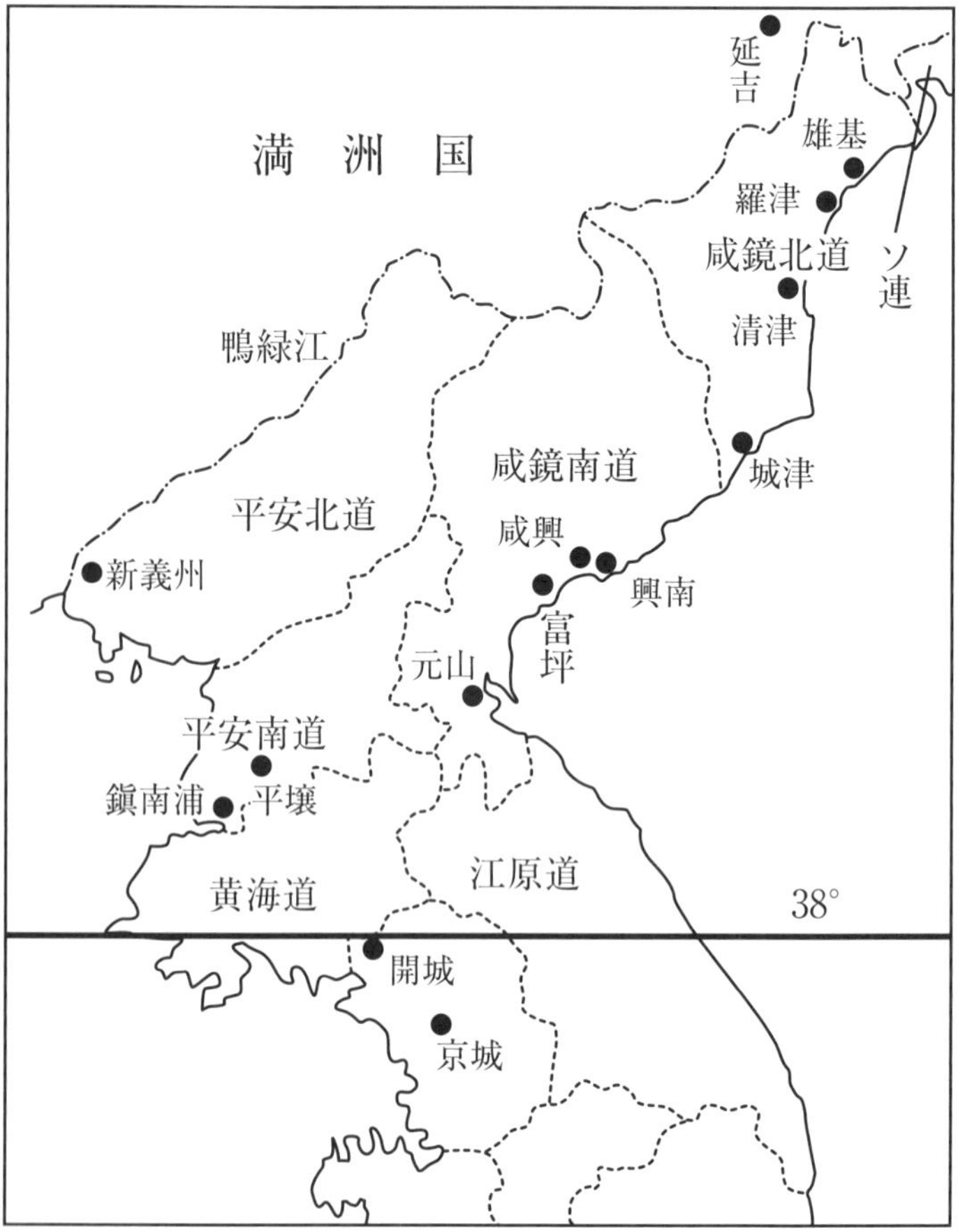
延吉
満洲国
雄基
羅津
咸鏡北道
ソ連
清津
鴨緑江
咸鏡南道
城津
平安北道
咸興
新義州
興南
富坪
元山
平安南道
鎮南浦
平壌
江原道
黄海道
38°
開城
京城

はじめに

二〇二二年二月二四日、ロシア軍はウクライナ侵攻を開始した。これ以前、ロシア政府は、ウクライナへの軍事侵攻はありえない、その意図も能力もない、国境付近への軍の展開は演習にすぎないと言明していた。欧米そして日本のロシア研究者の多くも、侵攻はないと考えていた。

しかし結果は異なった。プーチン大統領はすでに決断を下しており、準備万端整え、一気に首都キーウを陥れるつもりだったのである。

国際社会とくに欧米はこの侵攻につよく反発した。日本も同様である。国連憲章第二条第四項は、領土保全または政治的独立にたいする武力行使禁止を定めている。ロシアの行動はあからさまな国際ルール違反だった。国連安全保障理事会はただちにロシア軍即時撤退決議案を上程した。これはロシアの拒否権行使により否決されたが、三月の同緊急特別総会では圧倒的多数で採択された。

にもかかわらず、またウクライナ軍の予想外に強い抵抗に遭いながらも、ロシアは侵攻を止めない。双方は戦力を増強しながら、二〇二三年九月現在、戦闘継続中である。軍事専門家は、長期戦になるという見解で一致している。

こうした侵攻を実行するロシアとは一体どういう国だろうか。

これを知る手がかりのひとつは歴史を学ぶことである。過去、ロシアはどのような対外侵略を行ってきたのか。

この問題を日本の立場から考えよう。日本にとって、ロシアは幕末以来、軋轢《あつれき》・対立の絶えない隣国である：二〇世紀初までのロシア帝国、その後七〇余年に及ぶソ連（ソビエト社会主義共和国連邦、中核はロシア共和国）、そして一九九〇年代以降のロシア連邦。

戦前は、一八九九―一九〇一年の義和団事件（北清事変）を契機として、ロシアは満洲全土を軍事占領した。さらに、朝鮮半島への政治介入を深めた。半島の北辺では森林伐採権を獲得したうえ、軍事基地の建設も始めた（龍岩浦事件）。日本は、これを座視するならロシアによる朝鮮半島占領と対日侵略はいずれ不可避になると恐れた。建設中のシベリア鉄道の全線・複線工事が完了すると、勝ち目がまったくなくなる。そこで、一九〇四年、国運を賭《と》してロシアとの戦争に踏み切ったのである。

韓国には、日本は朝鮮半島を支配下におくために、ロシアを挑発して戦争を仕掛けたと書く学者が少なくない。日本の朝鮮史テキストもしばしば、同様に書く。これは甚だしい曲解というほかなく、悪いのはすべて日本という決めつけと知識不足から来る。

じっさいは、明治日本の指導者とくに伊藤博文や山縣有朋など、幕末維新の動乱を直接経験した世代は、ロシアの軍事力に恐懼《きょうく》し（恐露病と揶揄《やゆ》された）、戦争回避に全力を注いだのである。

戦争は日本の勝利に終わったが、それは日本軍の文字通り必死の闘いと大きな犠牲に、同盟国――英国やユダヤ人銀行家の支援、ロシア国内の混乱そして戦場での幸運が加わり、辛うじて得たものだった。

それから約四〇年、対米戦争で日本の敗北が決定的な状況下、ソ連は突如、日ソ中立条約を破棄し、満洲国、北朝鮮、南樺太、千島列島・北方四島に軍事侵攻した。これは国際ルール違反で、今回のウクライナ侵攻と重なる。

彼我の力の差から、これら地域の支配権は、時をおかずしてソ連軍の手に落ちた。北海道は、北千島での日本軍の抵抗（大本営の武装解除命令に反して行われた）とトルーマン大統領のつよい意思表明により、寸前で占領を免れた。

戦後は、東西対立のもとで日ソ間には緊張関係が続いた。北方領土の返還交渉は遅々として進まない。ソ連崩壊・ロシア連邦誕生というロシアの国家体制の変化にもかかわらず、北方領土は不法占領されたままである。

本書は、こうした歴史的出来事の中で、終戦直前に始まったソ連の北朝鮮侵攻とそれに続く軍政（一九四八年九月まで）を主題とする。

この侵攻にたいする戦後日本人の関心は、高かったとはいえない。それは同時期の満洲侵攻と対照的である。満洲の場合は、避難民の総数が二〇〇万人を超えるほど多かったうえ、国家崩壊、日本人入植者の集団自決、シベリア強制連行（抑留）、ラストエンペラー溥儀《ふぎ》や「男装の麗人」川島芳子の逮捕・裁判、残留孤児の帰国等が、研究者だけでなくメディアや国民の耳目を集めた。

北朝鮮ではどうだったのだろうか。ソ連軍はいかに侵攻し、何を行ったのか。

これについて、専門家による学術的研究は少なくないが、特定のテーマ――たとえば新たな指導者・金日成の擁立や朝鮮人による政治・軍組織の形成――に偏る傾向がみられる。他方、一般向けの日本語の書物はほとんど見当らない。

韓国では一九八〇年代後半から、民主化にともない、言論・思想の自由化と北朝鮮による赤化統一工作が浸透した。その結果、左翼的歴史観（民衆史観）・反米思想が学生や知識人、さらには政界に広まった。

彼らは、一九四五―四八年、三八度線以南で軍政を敷いた米国の政策をきびしく批判する。それは、米国の国益優先・米軍の高圧的姿勢、統治機構・制度の改革不徹底、対日協力者（親日派、保守派）の政治利用から、反米・非米勢力とくに共産主義者の「弾圧」にまで及ぶ。これらを総括して、南朝鮮の（対米）植民地的隷属といった表現も使われる。

この議論は日本の朝鮮史家にも影響を与え、多くの同調者を生んでいる。

反面、こうした考えをもつ人々は、ソ連軍による北朝鮮占領の実態については無知もしくは一知半解である。なかには、北朝鮮では朝鮮人が自らの意思と力によって諸改革を達成したと盲信・礼賛する者もいる。その中心で活動しているのは、北朝鮮の宣伝工作員である。

本書は筆者のこれまでの研究をベースに、論点を絞って、このような無知からの脱却を目指す。

以下、簡単に本書の内容を紹介する。

序章では、戦前・戦中のソ連経済について概観する。これは終戦前後のソ連の行動を理解するうえで必須の予備知識である。

第二章は、ソ連軍の北朝鮮侵攻の過程を略述し、次いで同軍による物資略奪を検証する。物資略奪はさまざまな面から行われた。この章では、それらを個別に明らかにする。

第三章と第四章ではそれぞれ、土地改革、貨幣改革について論じる。これらの「改革」は何を意図し、どのような結果を生んだのか。

従来、北朝鮮土地改革の研究はかなり存在するが、本質を衝《つ》いた議論が欠けている。実証的裏づけのない観念論が先行し、この改革を理想化する論者もみられる。貨幣改革については、重要性が認識されず、研究がほとんど行われていない。のみならず、簡単な解説すらない。

筆者は以前刊行した書物で、これらのテーマを取り上げた。ここでは、その後に収集した資料を追加し、再考・再述する。

第五章は北朝鮮在住日本人が直面した状況を探る。これは日本の終戦史では重要テーマのひとつだが、戦後北朝鮮史では無視されてきた。米国人や韓国人には関心はないだろうが、日本人研究者にとっては外せない主題である。

終章は、他の論点を視野に入れたソ連軍政の総括的考察である。米国政府の報告書と現代ロシアの学者の書物を材料に論じ、これに短く「ロシア論」をくわえる。

巻末に、平壌からの日本人引揚者の口述史料（オーラル・ヒストリー）を付す。

＊本書は、読みやすさを優先して脚注をつけず、典拠の記載もできるだけ省いた。より関心のある読者は元になった論稿を参照されたい‥序章—木村・安部（二〇〇八、第一章）、第二章—木村・安部（二〇〇三、第六、九章）、第三章・第四章—木村（一九九九、第一章・補論一）、第五章—木村・安部（二〇〇三、第七章）。

＊脚注を省く代りに、いくつか挿話を入れ、本文を補完した。論争点にたいする個人的見解や雑感も交える。

＊日本では戦前から五、六〇年代まで、大手新聞をはじめ、北朝鮮を北鮮と呼ぶのが普通だった。その後、根拠なしに「北鮮」は差別用語扱いされ、使用されなくなった（木村　二〇一六、xi頁参照）。本書では、現在の慣習にしたがい北朝鮮と記す。

挿話①

共産主義者の弾圧？

戦前から戦後にかけて日本、朝鮮の共産主義者は、レーニン、スターリン（コミンテルン、コミンフォルム）の指示にしたがい、暴力革命を目指した。今日の言葉では、彼らは過激派暴力集団である。治安機関はこのような勢力を取締まる。これを弾圧とはいわない。

一九二五年に成立した治安維持法は、予防拘禁を認めるなど天下の悪法として名高い。しかし当時の状況から、同法の必要性を認める見解もある。あえて述べると、筆者はこの見解に賛成である。問題は、当局がこの法律を乱用し、自由主義者や宗教者にまで対象を広げた点にある（乱用はどのような法律にも生じ得る）。

敗戦後まもなく、ＧＨＱ（連合国軍総司令部）の指令により、治安維持法は廃止された。これは共産主義者の自由な行動を許し、治安悪化の大きな要因になった（日本共産党は連合軍を解放軍と呼んだ）（木村　二〇二二）。

朝鮮では、総督府統治機構の崩壊にともない、刑務所職員が業務を放棄し、思想犯・一般刑法犯とも拘禁を解かれた（多くは脱走した）。その結果、南朝鮮で共産主義者（南朝鮮労働党）の動きが顕著となり、数々の騒乱事件につながったのである。

一九四八年末、李承晩政権は治安維持法をモデルに国家保安法を制定した。これによって同政権は共産主義者の取締りを徹底し、多数を逮捕、殺害・処刑した。

韓国では今日、李承晩の評価は、朴正煕（六三―七九年、大統領）同様、左派と右派で真二つに分かれる。左派は、独裁者・民衆の虐殺者と断罪し、右派は自由民主主義の擁護者・偉人と賞賛する。

いずれにせよ、金日成は李承晩の反共政策の効果を過小評価し、五〇年六月に戦争を起こした。南侵すれば共産主義者がこれに呼応、一斉蜂起し、南を容易に占領できると考えたのである。しかし共産勢力はすでに衰えていた。そのため蜂起は起こらず、米軍の即時介入により金日成の野望は潰《つい》える結果となった。

目次

図表・資料目次

序　章　歴史的背景——スターリン独裁下のソ連経済

戦前、スターリン指導下のソ連では、短期間に重化学工業が発展した。これについて、一九五〇年代から七〇年代、日本や西欧では多くの経済学者が、それこそ資本主義（市場経済）にたいする社会主義（いわゆる計画経済）の優位性の何よりの証しであると主張した。彼らはさらに、ソ連が独ソ戦（ソ連時代以来、ロシアでは大祖国戦争と呼ぶ）に勝利したのは、この発展にもとづくと論じた。

その裏にはじつは、西側諸国の「協力」と国内の多大な人的・物的コスト負担があった。本章では、この点を中心に戦前・戦中のソ連経済の実態について略述する。

一・第一次・第二次五か年計画期（一九二八―三七年）

軍事工業化

一九二八年、スターリンは第一次五か年計画を開始した。その基本目標のひとつは、来たるべき戦争に備えるために、近代工業を発展させて兵器を大量に生産することであった。

スターリンは投資を大幅に拡大し、計画を強力に推進した（丹羽 一九八二）。その結果、公式報告によると国民経済に占める近代工業の比率は一九二九―三三年間、五五％から七〇％に高まった。とくに機械工業の比率が一五％から二六％に上昇した。

スターリンは次のように述べた。

わが国にはトラクター工業、自動車工業、工作機械工業、本格的な現代的化学工業、農業機械工業、航空機工業はなかった。いまや、それがある（マルクス・エンゲルス・レーニン研究所編 一九五三、二〇四頁）。

これは「いまや戦車、大砲、弾薬、戦闘機の大量製造能力がある」と述べたに等しい。スターリン自身の言葉では、「われわれは国防能力の方面にみられた余［空］白を完全に埋めた」。

忘却された要因

ソ連の急速な軍事工業化は第一に、外国――資本主義諸国――からの大規模な設備輸入と技術導入によって可能になった。これは当時西側で周知の事実であったが、戦後はほとんど忘却されている。

それは、ソ連の秘密政策にくわえ、関係した西側の企業や政府機関が口を閉ざしたからである。彼らは冷戦下、ソ連を利した過去の行為に批判が集まることを恐れた。

一方、社会主義を支持する西側の知識人にとってはイデオロギー上の理由から、ロシア人にとっては国民感情から、これは認めたくない事実だった。

そのなかで一部の西側研究者は、欧米からソ連への資本・技術の流入について詳細な分析を行っている。また、戦前の日本人調査者・研究者の情報も貴重である。とくに満鉄調査部（南満洲鉄道のシンクタンク）など、満洲を拠点とした者による成果は大きい。

こうした調査研究によって判明した主要な点を指摘すると、第一次五か年計画期、ソ連の輸入の九〇%は資本財（とりわけ機械設備と鉄鋼・同製品）だった。とくに多かったのはドイツ製の工作機械である。英国からは電気設備、米国からは製鉄・石油設備を輸入した。

ソ連はさらに、多数の欧米一流企業と契約をむすび技術者を招請した。分野は各種の鉱工業・建設業にわたった。たとえば、クズネツクの大規模製鉄所の建設は全面的に、米国フレイン社の技術者の指導に負った。

資本主義諸国では一九二九年に大恐慌が起こり、国内市場が大幅に縮小した。欧米企業にとってソ連への設備・技術輸出は、非常に魅力あるビジネスとなったのである。

飢餓輸出

ソ連にとって輸入の見返りは、小麦等の穀物、原油、木材、毛皮など第一次産品の輸出であった。穀物輸出は一九三〇年、四八〇万トン、三一年、五二〇万トンに上った。

当時、ソ連は交易条件の悪化（農産物輸出価格が工業品輸入価格に比して低下）に直面し、国内消費をきりつめて輸出した。ソ連で諜報活動に従事していた日本の陸軍将校、秦彦三郎（終戦時、関東軍総参謀長、のちシベリアで強制労働に従事）によれば、ロシアは、国内建設の必要上から人民に食ふものを食はせず、着せるものも着せず、苟《いやしく》も外国に於て売れるものは凡《すべ》て外国に輸出して所要の建設費に当てた（秦　一九三七、六四頁）。

それでも不足する分は、金輸出と短期借款で補塡した。スターリンは国内の退蔵金銀を集める一法として、各都市に特別の食料・日用品販売店（トルグシン）を設置した。それは、ルーブル貨を受けつけず、貴金属と外貨のみ通用する商店だった。そこでは、貧しい老人が金歯を抜いて食料の支払いに充てる姿も目撃されたという（西村　一九五四）。

輸出の必要にくわえ、増加する工業労働者・兵士を扶養するために、農村の穀物徴発が一層きびしく行われた。これは各地で大規模な飢饉・餓死を引き起こした。

この事実は長い間、秘匿されていたが、一九七〇年代以降、知られるようになった。とくに激しかったのは、ホロドモールと呼ばれる一九三二―三三年のウクライナ大飢饉である。これはヨーロッパの穀倉、ウクライナで起こっただけに、世界に大きな衝撃を与え、ナチスのユダヤ人虐殺や毛沢東の大躍進政策による大量餓死に匹敵する二〇世紀の悲劇といわれる（コンクエスト　二〇〇七）。

強制労働

軍事工業化の第二の要因は、国家の命令による強制的な生産である。その主要手段が強制労働だった。

スターリンは労働力として大量の囚人を使役した。彼は数百万の国民を反革命分子として捕らえ、一部を処刑、他を強制労働に従事させたのである。

このために全国に強制収容所（グラーグ）システムが築かれた。囚人は、鉱山、ダム、鉄道、製錬所、木材伐採場などで過酷な作業に就いた。一例として、一九三五年に北極圏ノリリスクで始まったニッケル鉱の採掘は、すべて囚人労働者に依存した。

グラーグの収容者総数は一九三五年、約一〇〇万人だった。これは四一年までに二〇〇万人に倍増した。

輸入の再増加

重化学工業の基盤が整備されたことから、第二次五か年計画の初期、一九三三―三五年には輸入、輸出とも減少した。しかしこれは、西側からの輸入の必要が減じたことを意味しない。その後、輸入はふたたび増加したのである。とくに英国、ドイツ製の高級機械やカナダ、米国、オランダから銅、アルミニウム、ニッケル、鉛、スズなど非鉄金属の輸入が多量に上った。これら非鉄金属は、兵器生産のさらなる増強に必須であった。

二．第二次大戦期から終戦直後

米国の援助

一九三九年以後、ソ連にとってもっとも重要な物資輸入先は米国であった。一九三九—四二年間、両国の通商関係は以下のように推移した。

一九三九年一一月　ソ連・フィンランド戦争勃発。米、対ソ輸出禁止令。
一九四一年一月　同禁止令撤廃。兵器（航空機および部品）輸出禁止解除。
一九四一年三月　米国で武器貸与法（Lend-lease Act）成立。
一九四一年八月　米ソ通商協定一年延長、米、積極的な輸出方針を採る。
一九四一年一〇月　米、英国とのコミュニケで、ソ連が求めた資材をほぼすべて供給すると発表。

表1－1　米国の対ソ輸出額、1941-44年

（百万ドル）

	現金決済分	武器貸与法による分（借款）	計
1941	104.9	0.5	105.3
1942	64.7	1,358.2	1,422.9
1943	28.9	2,960.1	2,990.0
1944	30.0	3,427.0	3,457.0
合　計	228.5	7,746.6	7,975.1

（注）四捨五入のため、各欄の合計は合計欄の数値とかならずしも一致しない。
（出所）木村2008、7頁。

一九四一年一一月、四二年一月　米、ソ連に各一〇億ドルの借款供与を表明。

一九四二年六月　モロトフソ連外相訪米。米ソ経済協定および米ソ新武器貸与協定が成立。米、対ソ三〇億ドル借款供与を表明。

独ソ開戦（一九四一年六月）から一九四三年一月までに、米国はソ連に少なくとも以下の物資を送った：飛行機数千機、戦車、銃砲、食料品（豚肉、鶏卵、植物油、乳製品、小麦、魚類製品等）、鉄鋼五八万トン、アルミニウム・ジュラルミン四・六万トン、銅・真鍮・ニッケル・モリブデン九・四万トン、レール七・五万トン、石油類二六・八万トン、トルエン・トリニトロトルエン（TNT爆薬）五万トン、各種自動車七・三万台、軍靴三〇〇万足、電話線一〇万マイル、野外電話機数百台等（ただし、ドイツ軍が運送船を撃沈したため、

表１－２　武器貸与法による米国の対ソ供給物資、1941-45 年９月

飛行機・同備品	大型爆撃機（1 機)、軽･中型爆撃機、貨物機、索敵機、通信器など計 1.4 万点
車両（戦車、トラックを含む)	軽戦車 1. 2 千台、中戦車 5 千台、ジープ 4. 8 万台、二輪車 3.2 万台、トラック 35 万台、蒸気機関車 1. 9 千台など計 47 万台
爆薬	無煙火薬 13 万トン、TNT 火薬 13 万トンなど計 32. 6 万トン
海軍備品	運搬船 90 隻、タンカー 19 隻、砕氷船 3 隻、掃海艇 77 隻、魚雷艇 175 隻、水上機フロート 2,398 個、各種エンジン・モーター 1 万台ほか
食料	穀物 115 万トン、砂糖 67 万トン、缶詰 78 万トン、植物油 52 万トン、ソーセージ・バター類 73 万トンなど計 430 万トン
機械設備	各種機械 11 億ドル
資材・金属製品	鉄鋼・同製品 260 万トン、非鉄金属 78 万トン、電話線 100 万マイル、化学品 82 万トン（エタノール 36 万トン、トルエン 11 万トン、エチレングリコール、グリセリン、ウロトロピン、メタノール、フェノールなど)、石油製品 216 万トン、綿布 1 億ヤード、毛織物 6 千万ヤード、紙・同製品 1.4 万トン、皮革 4.6 万トン、軍靴 145 万足、スキー靴 22 万足、タイヤ・チューブ 700 万本など

（出所）同、8 頁（原資料は米国務省報告)。

これら物資の一部は届かなかった)。

武器貸与法によってソ連が米国から得た物資の総額は一九四一―四四年間、七七億ドルに達した（表１―１)。米政府は、ドイツが降伏した一九四五年五月、同法を撤廃したが、このときまでに上記総額は一一三億ドルに増加した。その半分は武器および軍用備品・設備で、残りは原材料、消費財、石油製品等である（表１―２)。

これらの物資はソ連の軍、国家機関、住民にとって大きな助けになった。たとえば、米国が供与した車両総数四七万台にたいし、一九四三―四五年間にソ連が生産した戦車と自動車は九万台にすぎなかったのである。

満洲で終戦を迎え、その後抑留されたある日本人（逓信省技官、元技術中尉）は次のように述べている。

吾々が入ソして先《ま》ず気がついたことは、made in USA のマークのはいった色々の製品が国民の重要な部分までも占めていたことである。兵器については云わずもがな、満洲の戦線で真先に突進してきたのはアメリカ製の機動車輌であり、兵隊はアメリカ製の自動小銃を抱えアメリカ製の靴を穿《は》いていた（樋口編　一九四九、一五三―五四頁）。

技術導入

一九二九―四五年間、ソ連が欧米から公式に導入した技術は、石油精製、製鉄、ベアリング、工作機械など、総計で数百件に上った。それ以外に、多くの分野で模倣が行われた。軍用機や戦車も例外ではない。たとえば、戦闘機Ｉ―18（ＭＩＧ―３）は英国のハリケーン、爆撃機ＴＵ―４は米国のＢ―29、Ｔ―26戦車は英国のヴィッカーズ６トン戦車、ＢＴ―７戦車は米国のクリスティ戦車の模倣であった。

物資略奪と拉致

大戦終結の前後、ソ連軍は東欧や満洲の占領地から、工場設備や資材を大量に奪取した。具体的には、一九四五―四七年、同軍はドイツの軍用機・ロケット製造設備のおよそ三分の二を解体してソ連に搬送した。西側の占領地からも一部、賠償として物資を獲得した。

くわえて、多数のドイツ人科学者・技術者を計画的、組織的に本国に連行した。ソ連軍は一九四六年一〇月二二日、この日だけで、ロケット研究者、自然科学者、技術者とその家族二万名を占領下の東ドイツから拉致したのである（マグヌス　一九九六、一頁）。大連の満鉄中央試験所からは日本人技術者を拉致した。

核・ミサイル開発

こうした物資と人材はソ連工業の再建と発展、とくに兵器の開発・軍事工業の育成に大きな役割を果たした。その最重点は核・ミサイル開発である。ソ連軍はドイツの核関連施設も解体し、ソ連に搬送した。

他方、ソ連は大戦中に米英の各界に多数の諜報員を配置し、米国の原爆開発――マンハッタン計画――の情報を大量に得ていた。これについては、多数の証言・文献がある。なかでも、ソ連軍参謀本部情報総局（GRU）情報員、コーヴァルの貢献は大きかった（二〇〇六年、死去）。死後、ロシア政府が彼に勲章を授けたことはそれを証明する。

ウラン鉱については、当時、ソ連領内では未発見であった。一九四六年からソ連軍は、東欧とくにドイツのザクセン州やチェコでウラン鉱を大量に採掘しソ連に運んだ。北朝鮮からもソ連に送った（次章参照）。

拉致されたドイツ人ロケット研究者は、そののち五―一〇年間、モスクワ近郊の町や湖の中の孤島でミサイル開発に従事した。必要な試験装置、計測器をはじめ、各種の機器、資材には、ドイツから得た戦利品を利用した。

当時、ソ連にもすぐれた研究者がいた。核開発を主導したのはクルチャトフ、ゼリドヴィチ、ハリトンらソ連の学者である（米国同様、そのなかには多くのユダヤ人がいた）。彼らは黒海沿岸のスフミの核研究所に二五〇名の優秀なドイツ人科学者を集め、核開発をすすめた。

一九四九年の原爆実験や五七年の大陸間弾道ミサイル発射・人工衛星スプートニク1号の打

ち上げの裏には、以上の事実が隠されていたのである。

再度の飢饉

この過程でふたたび大飢饉が起こった。直接の原因は食糧徴発と干ばつである。これによる過剰死は一九四六―四八年、一〇〇―一五〇万人に上ったとみられる。

三. 小括

ロシア帝国は、英・仏・独・米に比べ、経済的に遅れていた。国民の多くは教育のない貧しい農民から成り、近代工業は未熟だった。革命で社会主義国ソ連が誕生した後は、レーニンの指導下で大きな経済混乱が起こり、大規模飢餓も生じた。

そうした状態から、なぜ重化学工業化が急進展しえたのか。

それは計画経済の優位性ゆえではない。鍵は、欧米からの資本財・技術導入、飢餓輸出、労働力の損耗にあった。

この重化学工業化―軍事工業化はスターリンの独裁下で、強制的に、すなわち自由や住民の生命・生活を無視して行われた。これは国民にとって大きな災厄だった。

この災厄の要因を探求すれば共産主義思想とスターリンの個人的資質に行きつくが、同時にロシア的な思考・感覚——西欧にたいする後進・対抗意識や国家への忍従を特徴とする——を指摘する必要もあろう（終章参照）。

いずれにせよ、大戦末期のソ連は極端な物不足に苦しみながら、米国の援助と国民の過度の犠牲によってようやく大祖国戦争に勝利することができた。国民の犠牲には戦線での大量死も含まれる。ソ連はドイツとの戦いで、二千万人以上の犠牲者を出したといわれる。実際はもっと少なかったという説もあるが、もし事実とすれば普通にはあり得ない規模である。そのかなりの割合は本来救えたはずで、戦略・戦術上、スターリンが意図的に犠牲に供した——多くは餓死・凍死——と考えるべきだろう（じっさい、レニングラード攻防戦では住民の避難を許さず、多数を餓死に追いやった）。

ソ連軍が朝鮮に侵攻し、三八度線以北を占領したのはこうした状況下だったのである。

挿話②

日本のソ連経済研究

戦後日本のマルクス経済学者は欧米、日本の資本主義の発展にかんするおびただしい数の論文・書物を世に送ったが、ソ連経済については、成果は乏しい。それは第一に、マルクス経済学が資本主義経済の理論だったため、マルクス自身、社会主義経済についてほとんど語っていないからである。マルクス経済学者にとってドイツ語は必須で、彼らはマルクス原典の解釈と欧米・日本経済へのマルクス理論の適用に精力を傾けた。一方、ロシア語を学びソ連経済を研究する者は寥々《りょうりょう》だった。

第二に、日本は敗戦の結果、ソ連情報の拠点だった満洲を喪失した。戦前、満鉄調査部にはマルクス主義に同調する研究者が集まった。彼らはソ連の計画経済に大きな関心を寄せ、その情報収集と調査研究に努めた。念頭に、満洲国への計画経済の導入があったのである。

満洲を失うと、ソ連経済の情報とくにヒューミント（人的諜報）を得ることが困難になった。日本の研究者は、実態から乖離したソ連政府の統計データに依存するしかなくなった。留保条件をつける、さまざまな修正を行うなどしても、そのようなデータを基礎にした分析では、正しい結論に到達しないのは当然である。

戦前、満鉄調査部でソ連研究に従事した野々村一雄は、戦後、長らく一橋大学教授を務め、日本の代表的ソ連経済研究者として知られた。一九六〇年代初め、野々村はソ連工業の成長ポテンシャルを高く評価し、七〇年代から八〇年代には総額でも一人当りでも、ソ連の工業生産は確実に、米国のそれを凌駕すると書いた（野々村　一九六四）。

野々村だけではない。当時、ソ連の公式データに依拠して、多くの学者が同様の主張を行った（稲垣　一九九四）。時代は、岡稔（一橋大学）、木原正雄（京都大学）、和田春樹（東京大学）ら、社会主義を支持する左派全盛だったのである。ソ連経済を批判的にみる研究者は、氣賀健三（慶応義塾大学）、丹羽春喜（関西学院大学・筑波大学・京都産業大学）などごく少数で、彼らは学界で孤立無援状態にあった（氣賀　一九九五）。

しかし歴史は、左派の主張が誤りであることを証明した。

野々村は、「君はなぜソ連を賞賛してばかりいるのか」と問われ「悪く書くとソ連に入国できなくなる」と本心を漏らし、結局は「自分の書いたことはすべて間違いだった」との台詞《せりふ》を残して学界を去ったと聞く。

第二章　北朝鮮侵攻と物資略奪

一九四一年四月、日本はソ連と、五年間有効の中立条約を結んだ。それは相互不可侵、第三国からの軍事侵攻の際の中立保持、満洲国とモンゴル人民共和国それぞれの領土保全を約したものである。

四五年二月、ソ連領のヤルタで米、英、ソ三首脳、ルーズベルト、チャーチル、スターリンが会談を行い、戦争終結・戦後処理問題を協議した。この会談自体は世界に広く報道されたが、合意事項には、ソ連による日ソ中立条約破棄・対日参戦という密約が付随していた。時期は、ドイツ降伏から二か月または三か月後である（ドイツは四五年五月、降伏した）。

以下、本章では第一節で、この密約にもとづくソ連軍の北朝鮮侵攻、さらに北朝鮮臨時人民委員会の成立の経過をたどる。第二節―第四節では、ソ連軍が北朝鮮で行った物資略奪の様相を産業設備、原材料・製品、食糧の各面から論じる。第五節では現金略奪・軍票発行について述べる。第六節はまとめの議論である。

一．ソ連軍の侵攻と新たな行政機関

四五年八月八日、ソ連は日本に宣戦を布告、翌九日、ソ連第二五軍第三九三師団が朝鮮半島への侵攻を開始した。八月一〇日、日本は連合国にポツダム宣言受諾の意思を伝達した。

ソ連軍は八月八―九日、ウラジオストクから近い咸鏡北道の港湾都市、雄基、羅津、清津を爆撃し、一〇日から一三日にかけてこれら三都市を占領した。朝鮮半島北部の日本軍の兵力はわずかであったから、戦車、航空兵力を駆使するソ連軍は一方的に進撃・南下し、二〇日前後には城津、元山を占領した。平壌には二四日から二六日にかけて入城し、八月末には、鴨緑江河口の都市、新義州を占領した。

米国とソ連は朝鮮半島での日本軍の降伏を、北緯三八度線を境として、北はソ連、南は米国が受理することで合意した。その結果、北朝鮮ではソ連軍によって日本軍の武装解除と行政権の接収が行われることになった。

平壌では八月二六日に、ソ連軍司令部（司令官、チスチャコフ大将）が朝鮮総督府に、平安南道人民政治委員会への行政権移譲を命令した。同委員会は新たに結成され朝鮮人の政治組織で、委員長には人望の厚いキリスト教指導者、曺晩植が就いた。

これにもとづき翌二七日、道庁で道知事が合意文書に署名した。その他、戦闘があった咸鏡北道をのぞく各道で、行政権の移譲が行われた。

九月下旬には、ロマネンコ少将が占領行政の責任者として平壌に到着し、一〇月初めにソ連軍司令部のもとに民政局を開設した。民政局は各地域の朝鮮人行政機関、人民委員会を統括し、事実上の軍政府として機能した。

人民委員会には反共民族主義者も加わっていたが、指導部を掌握していたのは共産主義者である。日本統治期、北朝鮮からは共産勢力はほぼすべて放逐されていたので、これら共産主義者は満洲、中国本土、ソ連、南朝鮮、日本内地から入北した者であった。

その中にいたのが金日成（本名、金成柱《ソンジュ》または金聖柱《ソンジュ》）である。彼はかつて反日パルチザン闘争に関わっていたが、警察と日本人自警団に追われ、満洲からソ連領に逃れていた。ソ連では対日偵察要員として、ソ連軍の一将校の身分を与えられた。ソ連軍の軍服を着た金日成は逃亡先のハバロフスク近郊の軍基地を発ち、四五年九月、粗末なソ連船で元山港に到着した。

四六年一月、ソ連軍司令部は曺晩植を平安南道人民政治委員会委員長の地位から下ろし、軟禁状態に置いた。曺晩植は四七年後半には消息不明となり、朝鮮戦争時（五〇―五三年）に銃殺されたといわれる。

同じく四六年一月、ソ連極東軍第一方面軍政治委員、シュティコフがハバロフスクから平壌に来着した。シュティコフはこれ以降、北朝鮮の行政を担当する最高責任者の役を果たした。二月、ソ連軍司令部は、朝鮮人の臨時政府というべき北朝鮮臨時人民委員会を発足させた。委員長になったのは金日成である。

彼は若く、未熟だったが、あるいはむしろそれゆえ、スターリンによって朝鮮人指導者に据えられた。スターリンは金日成をモスクワに呼び、「面接」して人物を定めた（その際、金日成は緊張してただハイ、ハイと答えるのみだった）といわれる（金学俊　二〇〇五、一一二頁）。これには確証はないが、スターリンと金日成の立場をよく示す逸話である。

北朝鮮臨時人民委員会は一年後、四七年二月、北朝鮮人民委員会と改称した。この組織は、四八年九月、新国家、朝鮮民主主義人民共和国（DPRK）成立と同時に政府を構成した。

ソ連軍政期、対外的に北朝鮮を代表したのは（臨時）人民委員会である。内政でも、基本法令は同委員会の名で発せられた。しかし実際に決定権を有していたのは軍司令部だった。それはまた、モスクワの最高権力者、スターリンの指揮下にあった。換言すれば、占領期の政治的重要事項はすべてスターリンの承認を経て決定されたのである。

二．設備の破壊・略奪

日本統治期とくに戦時期、北朝鮮各地では鉱山開発がすすむ一方、ダム、製鉄所、化学コンビナートなど大規模な産業施設が建設された。米軍は日本本土では広範囲、徹底的な爆撃により、産業施設や一般住宅の破壊を行ったが、朝鮮半島はその対象から外していた。終戦間際になって（四五年八月）、B―29が北東部の主要港に機雷を投下するという出来事が起こった程度である。

国家成立後の北朝鮮政府によると、日本軍・日本人は逃亡のさいに、各地で産業設備を破壊した。具体的には、およそ二五〇か所の炭坑・鉱山が浸水し、清津製鉄所、水豊発電所ほか数十か所の工場・施設が損壊したといわれる。

これは事実であろうか。ソ連軍の報告書中には、この点の記述がある。以下に要約する（木村編訳 二〇一一、二四頁）。

清津の電信電話局・ラジオ放送局、元山の高周波増圧電話局……日本人が撤退するさいに爆破。

電話局三か所、電話線約五千キロ……軍事活動の結果破壊。

化学工場数か所、発電所二か所、変電所一か所、兵器庫数か所……破壊。手段、理由不明。

ほぼ全ての鉱山……排水設備稼動停止による浸水。

全熔鉱炉と平炉……突然の稼動停止による炉の冷却、加熱炉耐火レンガ破損。

（産業設備以外では、北朝鮮北部での戦闘による住宅破壊が記されている。）


この報告では、工場の破壊は多くない。また日本人による意図的な破壊というよりは、事故が多発した結果とみるのが妥当である。

当時在住した日本人の証言によると、日本人が終戦前後に自ら設備を爆破したケースとして、以下があった。


朝鮮人造石油阿吾地《あごち》工場……避難のさいに日本人従業員が発電設備を爆破。

同・永安工場……従業員が避難したのちに憲兵隊が爆破。

日本窒素龍興工場……海軍の命令で過酸化水素とヒドラジン製造設備および製品を日本人従業員が解体・破棄、白金電極板を日本に航空輸送（八月一七―一九日）。

清津の無電台・変電所……八月一三日、避難にさいして警察署、憲兵隊の建物とともに爆破。

清津機関車庫・鉄道工場……八月一三日に機関車六両と鉄道工場を爆破。機関車爆破は、車庫新設工事を請け負っていた間組《はざま》の爆破班がダイナマイトで実行。


上記、龍興工場は海軍が日本窒素に命じて建設させた秘密工場で、戦時末期にはB―29迎撃用のロケット戦闘機、秋水の燃料製造に従事していた。

このほかに、大日本紡績清津化学工場では、避難のさいに工場幹部が白金製のノズルを撤去し、携行した。このノズルは「人絹工場の血管」というほど重要な設備であった。

しかし日本人の証言では、破壊に関与したのはむしろソ連軍である。

ひとつには爆撃による破壊があった。清津―羅南（清津南西の軍都）間の鉄道線路は、八月一三日のソ連軍の艦砲射撃で損壊した。朝鮮油脂清津工場の設備は同日の爆撃で全焼した。

他は、同軍による意図的な解体・撤去であった。その顕著な例は水豊発電所でみられた。一九四五年一〇月に約三千名のソ連軍兵士が来着し、日本人技術者を使って大型発電機六基中二基と変圧器二基、配電盤三基を解体・撤去した。

ソ連軍はまた日本高周波重工業城津工場から、運搬の容易な工作機械等を搬出した。興南のアルミニウム工場ではアルミ電解用水銀整流器、変電器、工作機械、モーター類など重要設備を撤去し、興南港からソ連に向けて積み出した。

日本製鉄清津製鉄所からは、工作機械、ベンゾール設備、製缶機、オイルタンクをソ連へ移送した。朝鮮電工鎮南浦工場では設備の解体が徹底し、作業に動員された日本人旧従業員が「ソ連軍は便器まで持って行った」と述懐するほどであった。

以上の例はあるが、日本人およびソ連軍が設備破壊を広く行ったとはいえない。民間日本人はむしろ、工場を守ろうとする姿勢を示した。それは、努力して築いた工場を自ら破壊することへの抵抗感や、後に罪に問われることへの恐れがあったからである。

たとえば、

日本窒素興南工場……終戦直前に軍の命令によって爆破の準備をするが、工場の幹部がこれを拒否。

北鮮製紙化学工業吉州工場……ソ連軍侵入前に日本軍・警察により工場爆破を強要されるも、工場側が拒否。

また以下のようなケースもあった。

三菱鉱業（茂山鉄鉱開発）茂山鉱山……清津へのソ連軍の上陸後、重要施設爆破のために四〇人の決死隊が残留。しかしソ連軍が茂山に侵入したさいにはすでに停戦協定が確認されていたので、爆破は中止。

日本高周波重工業城津工場では、終戦後に就任した朝鮮人工場長が、ソ連軍兵士による設備撤去の進行を阻止した。三菱鉱業下聖鉱山では、操業を朝鮮人に任せたうえで会社側がこれを指導したため、設備に被害がなかった。

一九四六年五―六月、米国国連大使、ポーレイを団長とする調査団が、北朝鮮各地を訪問した。その目的は、ソ連軍による設備破壊・略奪の有無を確認することであった。調査団は、ソ連軍の許可のもとで北朝鮮各地の大工場、発電所、港湾施設約三〇か所の視察を行った。

調査団は、設備の撤去が大々的に行われた証拠を発見するに至らず、その他の情報と合わせ、ソ連軍による設備略奪は、あったとしても小規模にとどまるとの結論を下した。

結局、終戦後に鉱山や熔鉱炉が使用不能になったのは、稼動停止により浸水や炉の損害が生じたためと考えられる。鉱山ではおそらく、徴用されていた朝鮮人労働者が終戦を機に職場を放棄したことが、浸水などの損害を大きくした。

旧ソ連の他の報告書には日本人による意図的な施設破壊を強調するものもあるが、それは日本人断罪の論調がつよく、客観的な観察とはいいがたい。実際には、製鉄所や発電所の損害にはソ連軍が自ら、かかわったのである。

三．原材料・製品の略奪

帝国崩壊の過程で広範に起こったのは、非固定的な物財——身の回り品や貯蔵品——の略奪ないし徴発である。ソ連兵による日本人の私財の略奪、暴行が頻発し、朝鮮人の中にも、日本人の私財や公共施設の備品を奪う者が現れた。

工場の貯蔵物資も奪われた。たとえば住友鉱業朝鮮鉱業所や朝鮮住友軽金属元山工場では九月初めに、ソ連兵と朝鮮人が倉庫の燃料、作業衣、食糧、医療資材をことごとく持ち去った。

しかしこうした無秩序な事態は短期間で鎮静化した。その後に起こったのが、ソ連軍司令部による鉱工業生産物の組織的な略奪——ソ連への搬出であった。この事実は、ソ連軍のいくつかの報告書が明らかにしている。
そのひとつによると、一九四六年初から同五月一日までに、次の「戦利品」と新たな生産品が北朝鮮からソ連に向けて発送された（木村編訳　二〇〇一、三〇―三一頁）。

（a）二、〇五〇万円（一九四五年八月一五日基準価格）相当の戦利品六、七五三トン、

（b）一、四一〇万円（同）相当の新たな生産品一、七八二トン、すなわち金約一・五トンと銀五トンを含有する粗銅と鉛四、二六一トン、ベリリウム二〇トン、フェロタングステン一七八トン、蛍石スパー一、五六九トン、黒鉛精鉱四五四トン、電気亜鉛一、三八八トン、タンタルニオブ精鉱二・五トン。

この報告書は、工場・鉱山の倉庫内在庫品（時価総額、約一・五億円相当）をも示し、同年第2四半期に、この在庫品と新たな生産品の中から次の物資がソ連に発送される予定であると述べた。

黒色銅（金七二五キロと銀三、六五二キロを含有）七二五トン、鉛（金一七〇キロと銀八五〇

キロを含有）一、三二〇トン、黒鉛精鉱一、二五〇トン、黒鉛塊三千トン、亜鉛五〇〇トン、電気炉用炭素電極六三〇トン、フェロタングステン三八〇トン、高速切削鋼二四五トン、カーバイド五千トン、工具鋼三〇〇トン、苛性ソーダ五〇〇トン、ベリリウム精鉱四・五トン、タンタルニオブ精鉱〇・六トン。

別の報告書は次のように述べた。

今年［一九四六年］の初めにUSSRへの製品——戦利品と新たな生産品——の搬出が始まった。一九四六年六月一日、次の生産品がソビエト連邦に向けて発送され、ウラジオストックに到着した：一、三七〇・一トンの戦利品、総額一、五八〇万円分（戦前価格）。興南港には、企業から搬出された総額八、二三七・七万円分の生産品が置かれている。その内訳は、一九四五年八月一五日以前の生産品××××［判読不能、以下同］トン、新たな生産品一、八四四トンである。一九四六年五月二〇日、上記のうち新たに採掘された鉛（銀を含有する未精製鉛）二八六トンと黒色銅三九二トンが、汽船「ステパン・ラージン号」によって、ウラジオストックの××××に向けて搬送された（同、四五頁）。

要するにソ連軍は、日本企業が終戦までに生産・貯蔵していた鉱工業品を一九四六年一―四月に六、七五三トン、六月一日に一、三七〇トン本国に送った。その後も、鉱物、特殊鋼の在庫品を送る予定を立てていた。

報告書が「戦利品」(trofej)と記したように、ソ連はこれら在庫品の取得を当然の権利とみなした。のみならず、新たな生産品も同様に扱ったのである。奪った品々はいずれも重化学工業材料として高い価値をもっていた。

諸物資は、元山、興南、鎮南浦の各港からソ連に送られた。興南港には満洲からの撤去設備も集まり、ソ連に向けて船積みされた。

四．食糧徴発

ソ連軍は侵攻後、大量の米を徴発し、ソ連に搬出した。これについても多くの証言がある(木村　一九九九)。

たとえば、黄海道沙里院水利組合の元事務員によると、侵攻直後、道から「ソ連軍引渡し糧穀に関する件」と題する公文が届き、これにしたがって数日内にソ連軍が数百—数千俵の米を運び去った。

さらに、当局によって北朝鮮からシベリアに追放された反共・反ソ朝鮮人たちは、北朝鮮産の米が収容所の倉庫に山と積まれているとの目撃証言を残している。これは米作地帯の北朝鮮西部から陸路で東海岸に運ばれ、そこからウラジオストクに海上輸送されたという。

北朝鮮の内部資料によれば、四五年秋から四六年にかけて、江原道で米穀一七、五八〇トンがソ連軍に引き渡された。これは四五年の同道産米高（八〇、六三三トン）の二二％に相当する（萩原　一九九三）。

平安北道では同時期、米穀四二万石がソ連軍の手に渡った。同年の同道産米高は不詳だが、戦時期のデータから推すと一五〇万石を超えない。そうならば徴発率は少なくとも二八％に上る。

一説では、ソ連軍は総計二〇万トンの徴発を命じたという。その真偽は未確認だが、上記二道の徴発量が計約八万トンだったことを考えると、十分現実的である。

こうした状況では飢餓が発生するのは当然だった。旧ソ連の資料は、北朝鮮六道のうち、糧穀が充足しているのは黄海道、平安北道のみで、他の道では農村、都市を問わず、食糧不足が深刻であると記している（木村編訳 二〇一一、九一一〇頁）。

北朝鮮の内部資料は、充足しているはずの黄海道でも、いくつかの郡（金川、遂安、平山）で飢餓が起こったと伝えている。

四六年以降もソ連軍の徴発は続いた。江原道麟蹄郡瑞和面では四六年秋、現物税納付後、小麦の全量をソ連軍が持ち去った。同郡では四七年末にいたっても、ソ連軍に糧政報告を送っていた。これはソ連軍による地方糧政コントロール、徴発の継続を示唆する。

とはいえ、占領軍兵力の段階的縮小、本国経済の状況改善とともに、食糧徴発は減少した。実際、四六年、ソ連軍の糧穀調達目標は米穀四・二万トン、雑穀六・九万トンであった（金聖甫 一九九五）。これも相当多量だが、前年よりは顕著に少ない。

五．現金略奪・軍票発行

日本統治期、朝鮮には中央銀行として朝鮮銀行（鮮銀）が置かれ、同銀行券（以下、鮮銀券）が流通した。鮮銀券は日銀券と等価で交換可能な円貨である。

ソ連軍は侵攻直後、北朝鮮内の銀行、企業を襲い、保有現金を奪った。そのうち二億円（円は朝鮮語でウォンと発音するので以下、ウォンと記す）をソ連ゴスバンク（国立銀行）ウラジオストク支店に送った。確かなことは分らないが、その資金は北朝鮮からの物資購入支払いにも使われただろう。ソ連領であれ、北朝鮮内であれ、ソ連軍が、奪取した鮮銀券で北朝鮮の物資を購入したならば、それは事実上、物資略奪と等しい。

他方、ソ連軍は侵攻のさいにルーブル貨を持ち込み、強制流通させた。その総額は四五年一一月末までに、二、五〇〇―三千万ルーブルに達した。ルーブルとウォンの交換レートは一対四に設定されたから、これは一一一・二億ウォンに相当する。

ソ連軍によるルーブル貨での支払いは、中央政府の予算措置を必要としたので、四五年九月、ソ連政府は北朝鮮でのルーブル貨の使用禁止を決定した。同時に、代替手段としてウォン表示の軍票を発行することにした。

軍票は、旧安田銀行平壌支店に設けられたソ連ゴスバンク野戦支店を通じて、ただちに発行された。その流通額は翌一〇月半ばには二・四億ウォンを超えた。

軍司令部は四六年一月、北朝鮮中央銀行を設立した（総裁は陸軍大将、ヴェプリコフ）。その資本金一億ウォンは軍司令部が軍票で貸与した。

以後、ソ連軍は駐屯費支弁、借款供与のために大量に軍票を発行した。駐屯費支払いに当てた軍票総額は四六年六月一日までに二四億ウォン、借款供与のそれは同年一一月までに、七・五億ウォンに増大した。ソ連軍はまた、四六年四月、北朝鮮内でのルーブル貨と軍票の交換を禁止した。

鮮銀券の流通額はソ連侵攻後、急減した。それは、ソ連軍によるウラジオストクへの送金にくわえ、各銀行が京城本店に送金したこと、北朝鮮在住の日本人・朝鮮人が南に逃れるさいに現金を携帯したことによる。

にもかかわらず、軍票発行額が激増した結果、北朝鮮内の貨幣流通総額は四六―四七年間、大きく増えた（第四章、表4―1参照）。軍票発行はソ連軍にとって、北朝鮮の物資を思いのままに手に入れる手段であった。

六．略奪から搾取へ

北朝鮮に侵攻したソ連軍はスターリンの指示にしたがい、機械、原料、製品を計画的に本国に送った。大型発電機やアルミニウム製造機器はおそらく、本国での必要から優先的に搬出した設備である。同時にソ連軍は食糧その他物資を一般住民から徴発し、駐屯兵員のみならず本国住民の必要に充当した（占領軍の規模は当初、四万人に達したといわれる）。

ソ連軍がこうした行動をとったのは第一に、序章で述べたソ連自体の経済的苦境からである。戦争で疲弊し、一般のソ連国民は北朝鮮住民に劣らず貧しい生活を送っていた。そのためスターリンは、朝鮮人の対ソ感情悪化をおそれず北朝鮮の産品を利用した。

これは経済的に豊かだった米国と鋭い対照をなす。米国には穀物等多くの物資に余剰があり、現地徴発の必要はなかった。むしろ、占領下日本、南朝鮮に食料、医薬品、資材等、物資援助が可能だったのである。

第二に、一週間余りであったとはいえソ連は日本と戦い、勝利した。北朝鮮は占領地に等しく、日本人資産はすべて戦利品であった。親日朝鮮人――地主・官僚・経営者――の資産も同じであった。それらを戦争被害の補償としてソ連に持ち帰ることは、スターリンの見地からは、何ら不当ではなかった。ドイツなど東ヨーロッパの占領地で行ったのと同様のことを行ったにすぎない。

一九四五年一一月末までに、スターリンは北朝鮮からの産業設備撤去の方針を改め、ソ連軍が倉庫に保管していた設備を返還するようチスチャコフに命じた。その結果北朝鮮では、設備撤去は満洲や東ヨーロッパに比べて短期間、小規模にとどまったのである。

しかしこれは北朝鮮からの物資獲得が終わったことを意味しない。スターリンの意図は、継続的に農・鉱工産品を得ることにあった。産業設備は、生産を続けるためにむしろ保全が必要となったのである。

ソ連は物資だけでなく、利権も得た。それは、いわゆる北鮮三港——羅津、清津、雄基の使用権である。

一九四七年、ソ連対外貿易省と北朝鮮人民委員会はソ朝合弁会社、モールトランスを設立する旨、合意した。内容は、ソ連が四隻の汽船を提供、北朝鮮はその代りに、三港を三〇年間モールトランスに貸与するというものである。ソ連軍はこの合意により、三〇年間、三港を海軍基地として使用することが可能になった。

モールトランスは主に香港との密貿易から利益を得た。当時、香港は東アジアの密貿易の拠点だったのである。取引業務は朝鮮商事が行った。これも同時期に設立されたソ朝の合弁会社である。

モールトランスの利益は一九四八年、一・一億ウォンに上った。ソ連はその半分を取得し、国家予算に繰り入れた（木村編訳 二〇一一）。

四八年九月に新国家、ＤＰＲＫが成立すると、ソ連軍は三千人の軍事顧問団を残し、年末までに北朝鮮から撤退した。そのさい、戦車、爆撃機、戦闘機など、保有していたすべての兵器を朝鮮人民軍に引き渡した。続いて四九年から五〇年にかけてスターリンは、南侵のために金日成が求めた兵器多数を北朝鮮に供与した。

これら兵器は援助ではなかった。スターリンは代価を要求したのである。そのため北朝鮮は、ウラン鉱のモナザイト（黒砂精鉱――コードネーム、M精鉱）、亜鉛鉱、金銀、鉄鋼製品、セメント、カーバイド、精米その他、多量の物品をソ連に提供（輸出）した。

これら見返り物資の中でモナザイトは、核開発を図るソ連にとって計り知れない価値をもっていた。北朝鮮政府内でも、モナジの通称で貴重物資として知られた（当時政府の一員だった朴甲東の証言による）。米国諜報機関によれば、一九四九―五〇年、金日成政権は労働者数万人、二四時間体制でモナザイトを大量に採掘・選鉱し、鉄道によりソ連に搬送した。

スターリンは、独占的兵器供給者として、可能な最大限の代価を北朝鮮に要求しうる立場にあった。兵器と見返り物資の価格評価は困難だが、ソ連側にとって圧倒的に有利な取引――不等価交換――だったことは疑いない。これはまさに「搾取」（exploitation）である。

金日成政権は、対ソ関係が悪化した時期に、政権党（朝鮮労働党）の機関紙上でソ連をつよく非難したことがある（『労働新聞』一九六四年九月七日）。記事によれば、ソ連はかつて厳しい債務償還条件を課し、そのため、北朝鮮はソ連に大量の農・鉱産物、工業製品を送らなければならなかったという。記事は時期を特定していないが、スターリン時代のこの当時のことが念頭にあったとみるのが自然である。

要約すれば、ソ連は占領下北朝鮮で、日常物資であれ戦略物資であれ、望みどおりに奪い、利権まで手に入れた。この「略奪政策」（plunder policy）は占領解除・新国家建設により終了した。しかしそれは、対等な国家関係の成立を意味したのではない。次段階は新国家にたいする「搾取政策」（exploitation policy）であった。これをスターリンは、躊躇《ちゅうちょ》なく実行したのである。

挿話③

満洲国とモンゴル人民共和国

（1）満洲国

①日本ではどの歴史家も、満洲国を日本の傀儡《かいらい》国家という。カッコ付けで表記することも多い。中国では偽満洲国と呼び、存在しなかったかのごとく扱う。

日本（関東軍）が建て、日本の敗戦とともに消滅したのだから、満洲国が傀儡国家であったことは否定できない。しかしそれと実績は別である。

満洲国では統治機構が整い、（辺境を除き）治安が保たれた。何より、日本からの投資、技術移転により、驚異的な経済発展とくに重化学工業化が起こった。国際的にも国家として認知されつつあった。満洲国の寿命は一五年に足りなかったが、建国後、これほどの急発展を遂げた国は歴史上、類例を見出し難い。

②日本が大陸に勢力を広げ、満洲国まで造った背景、理由は複雑で簡単には述べられない。ただ、石油を筆頭に、資源を求めたという点では誰もが一致する。

石油禁輸は対米戦争の直接の引き金となった。一九四一年、日本の石油備蓄量は年間消費量の約二年分だった。言い換えれば、二年後には、世界に誇る連合艦隊は役立たず、張り子の虎になる運命にあった。このため対米（英蘭）開戦――真珠湾奇襲――を決意したのである（この経緯は「はじめに」で触れた対露開戦のそれと似ている）。

もし石油が日本の勢力圏（経済ブロック）内に豊富に存在していたら、戦争にはならなかったかもしれない。これは自然な発想だろう。もちろん日本は、大陸に技術者を派遣し、精力的に石油探索を行った。しかし成果を得られなかったのである。

一九六四年四月二一日、朝日新聞夕刊に次の内容の小記事（ベタ記事）が載った：中国大慶で大油田発見、位置の詳細は不明、大慶の地名は地図にない、噂では北京の東北数百キロ。

大慶の位置はのちに、旧満洲国の主要都市のひとつ、ハルビン郊外の黒竜江省松遼盆地と判明した。じっさいの発見は一九五九年で、五年間、中国政府が秘密にしていた。五九年は新中国建国一〇年目だった。今日ではよく知られているように、慶賀した毛沢東がこの地を大慶と名づけたのである。

戦前、大陸各地を巡った日本人技術者は、旧満州国で大油田発見と知ったとき、天を仰いだという。まさに足下にあったのだから、彼らの気持が察せられる。旧満洲国では他に、同じくハルビン近郊で扶余油田、旧奉天（瀋陽）近郊で遼河油田が発見された。日本人技術者の述懐によれば、彼らは先入観にとらわれて、他地域で的外れの地層に探索努力を集中していたという（石井　二〇一三）。

大慶の原油埋蔵量は膨大で、戦前日本の年間石油消費量の数十年分だった。精製に相当の技術を要するので、日本の力で利用可能だったか疑問視する見方もある。

しかし日本人技術者の能力、不惜身命の精神をもってすれば、困難を克服できなかったとは思えない。戦時期の技術力、たとえば、米軍を畏怖させた新兵器、酸素魚雷や噴進砲（ロケット砲——硫黄島の戦いで米兵に多大な損害を与えた）の開発を想起するなら、なおさらである。

③満洲国の「王道楽土」、「五族協和」は看板だけだったという批判はたしかに当てはまる。それは日本人——ヤマト族が支配する国だった。しかし過酷な人種差別がみられなかった点では、ナチス

ドイツはもちろん、当時の欧米とも異なる。

ユダヤ人にたいしては、迫害とは反対に、むしろ救済措置がとられた。一九三八年、ソ満国境のオトポール駅で立ち往生したユダヤ人難民（オトポール事件）の救援の規模は近年、いわゆる杉原ビザと同等、あるいはそれ以上と評価されている（早坂　二〇一〇）。

満洲国の悪評の一因は、ハルビン七三一部隊による細菌兵器の研究であろう。これについて筆者はほとんど知識を持ち合わせていないが、当時の実情をみず、虚実交えた記述が少なくないようにみえる。

たとえば、作家、森村誠一が発表した人体実験の写真はまったく異なる場面のものだった。森村自身、のちに誤りを認めたにもかかわらず、いまだに中国では証拠写真に使われている。

当時のハルビンが、上海など他の中国の都市同様、実に悲惨な状況にあったことも忘却されている。厳冬期、木賃宿から放り出されて道に転がる男、助けるどころか男から服を剝ぎ取る盗人……そのような光景が日常だったのである。こうした現実は戦前の稀有の報告書『大観園の解剖』に詳細に描かれている（佐藤　二〇〇二）。背景を無視して一面だけに焦点を当て、かつ現代人の価値観を無差別に適用するのは、歴史分析を誤る要因となる。

戦後も満洲国が生き残っていたら……と考えるのは、実際に起こらなかったことであるから、ほとんど意味はない。ただ、戦後アジアの情勢がまったく違ったものになったことは確かだろう。満洲族と同様にヤマト族が漢族に自然同化し、圧倒的多数の漢族が統治する国家として、台湾のような存在になったかもしれない。

次項のモンゴル国も傀儡国家から始まったが、今日では国際的地位を得ている。世紀も変わった。傀儡国家、侵略国家（米国はその典型である）あるいはモンスター国家——キメラといったレッテルを貼り、満洲国を否定一方に捉えるのはそろそろ打ち止めにしたらどうだろうか。

戦後日本は戦時賠償の代わりに、巨額のODA（政府開発援助）、長期・低利の円借款を中国に供与した。中国経済はこれをバネに大発展を遂げた。にもかかわらず、中国共産党はこの事実を自国民に積極的に語らない。むしろ、代わり映えのしない抗日戦争ドラマを流し、反日歴史教育を進めてきた。

中国の経済発展は日本にとっても益だった。百円グッズに代表される格安な便利商品が手に入るようになったからである。しかし近年は、増大した経済力を軍事力とくに海軍力強化に振り向け、日本の国家安全に脅威を及ぼしている。

こうした戦後史と現状下で、満洲国——ジェノサイドや強制収容所もなく、ユダヤ人を助け今も深く感謝されている——の存在をめぐって、贖罪《しょくざい》意識に囚《とら》われ続ける必要があるのだろうか。それは次世代に借金を負わせるのと似ている。そうではなく、歴史的諸事実を地道に解明し、そのうえでバランスの取れた見方を提示すること、そしてそれを次世代に伝えることが現世代の責務ではないかと考える。

（2）モンゴル人民共和国

モンゴル人民共和国は一九二四年に成立した。日本の歴史教科書はこれを、ソ連に次ぐ世界二番目の社会主義国と書く。しかしこの国はまったくの（ソ連の）傀儡国家で、国際的に承認されなかった。戦前日本での呼称は従来通り、外モンゴル（外蒙）である。

その統治は共産党（人民革命党）による恐怖政治で、逮捕、処刑された反対派市民は数万人に上る。経済的には、遅れた牧畜国のままであった。戦後、同国はソ連に従順な、いわば属国として独立を維持した。ソ連崩壊後、民主化が進み、現在は自由な独立国家、モンゴル国となっている。

これにたいし、内モンゴル（内蒙）は今日、中国の一部である。自治区だが、それは名目上で、実際には共産党中央が完全に支配している。もし「植民地」を力による異民族統治の地と定義するならば、内モンゴルは中国（漢族）の植民地である。

皮肉なことに、ソ連が傀儡国家を建てた結果、モンゴル族は自らの国家をもつことができた。さもなくば、モンゴル全体が中国の一部とされ、モンゴル族は現在のウイグル族やチベット族同様、北京の過酷な支配（人権無視、民族同化ないし浄化政策）により、民族消滅の危機に陥ることになったと想像する。

挿話④

占領軍駐留経費

占領期、米国は日本に物資援助を与えたと本文で述べたが、米国の支配が寛大だったとのみ考えるのは正しくない。まず、日本は多額の米軍駐留経費を負担しなければならなかった。これは戦争を起こした（米国に逆らった）ことにたいして、賠償放棄の代りに課された一種のペナルティであった。

供与された援助（ガリオア・エロア資金）には、復興後、米国との協議の上で、債務として利子付きで代価を支払った。

米軍（連合軍）の駐留経費は終戦処理費と呼ばれた。それは、兵舎・宿舎の新改築費、土地建物の借上げ料、諸サービスの支払い、設備の維持管理費、諸物資調達費、事務経費から成る。

ここで、諸サービスの支払いとは、日本人被用者（将校宅のメイドなど）の賃金や接待費――遊興費である。遊興費の一例として、熱海や箱根での飲食その他サービス代があった。東京近郊の温泉は当時、米兵を迎えて大いに繁盛したのである。熱海、箱根温泉を含む全国の保養地には、日本政府が関与する「特殊慰安施設」（売春施設）も設置された。これは政府の配慮によるものだったが、連合軍の要求もあったといわれる。*

一九四六、四七（昭和二一、二二）年度、終戦処理費総額は政府一般会計歳出総額の三〇％以上に達し、最大の歳出費目となっていた。ＧＨＱは諸経費負担を恣意的に、際限なく要求したのである。

四六年度の予算編成の際には、朝鮮での兵舎二、五〇〇戸の建設費負担まで求められた。政府はこれを一般会計ではなく、貿易資金特別会計で処理することにした。官僚が知恵を絞り、輸出品扱いにしたのだろう（大蔵省財政史室編　一九八二、一四〇頁）。

　終戦処理費は占領期のあと、防衛支出（分担）金となり、今日の防衛関係費（駐留米軍にたいするいわゆる思いやり予算を含む）につながっている。

＊兵士慰安婦については、旧日本軍慰安婦が問題とされる一方、米軍慰安婦が忘却ないし封印されているのは奇妙である。売春防止法施行（一九五七年）以前は、営業許可を得、衛生管理規則等を順守するかぎり、売春に法的問題はなかった。政府や軍の関与云々は無関係である。しかし親や女衒《ぜげん》──仲介業者に騙《だま》されたり、脅されたりして慰安婦になった日本人女性は、少なからずいただろう。朝鮮人慰安婦のみ取り上げるのは、明らかに政治的作為による（最近は、北朝鮮による工作の可能性も指摘されている）。

日本映画の巨匠、溝口健二監督の作品（遺作）に「赤線地帯」がある。この作品は、売春防止法の制定直前、合法的売春宿「夢の里」で働く五人の娼婦の姿をリアルに描いたもので、当時の状況を知るうえで一見の価値がある。

　五人の中に大年増《おおどしま》の女（三益愛子演、以下同）がいた。彼女は、母親の醜業を恥じる息子に見放され、そのショックで正気を失ってしまった。別の娼婦（若尾文子《あやこ》）は客を騙して金を巻き上げ、それを仲間に高利で貸して儲ける逞《たくま》しい女だった。客のひとり（十朱《とあけ》久雄）は、宿に布団を提供する貸し布団屋だったが、遊びが過ぎて借金で首が回らなくなり、夜逃げした。彼女はその店を買い取り、娼婦を引退、主人に納まった。

　映画のエンディングは、下働きの少女が初めて店に出、おずおずと客引きをする場面である。少女は田舎の貧しい家庭から来た。親が経営者に託した（売った）のである。

この作品では、経営者夫婦（進藤榮太郎・沢村貞子）が娼婦を子どもたちと呼び、娼婦は彼らをお父さん、お母さんと呼ぶ。これが当時どのていど普遍的な習慣だったのか筆者には分からないが、次章で触れる地主―小作人のパトロン―クライアント関係を想起させ、興味を引く。

第三章　農村権力の掌握——土地改革

一九四六年三月五日、北朝鮮臨時人民委員会は土地改革法令を発布した。表面的には、同法令は人民委員会が自主的に決定したようにみえる。しかし近年の研究は、それがソ連軍司令部の決定によるものであったことを明らかにした。

ソ連軍占領行政の最大の目的は、日本統治下の権力構造を完全に破壊し、それに代わり、村落・都市の末端にいたるまで共産党の支配権を確立することであった。

これは必ずしも容易な事業ではなかった。圧倒的な軍事力によって、ソ連軍は日本——朝鮮総督府——から政治権力を奪取したとはいえ、社会構造は一夜にしては変わりえない。一方、もともと共産党の勢力は無に等しかった。

農民が人口の多数を占めた北朝鮮で、この観点からまず必要だったのは、従来の農村支配層すなわち地主層の一掃である。拙著（二〇一八）で指摘したように、日本統治末期、地主—小作制は形骸化しつつあった。しかし地主の権勢は王朝時代からのもので、農村に根強く残存していた。土地改革は、その消滅を目指す占領政策の柱だったのである。

以下ではまず、発布にいたる過程をたどり、次いで法令の内容を検討する。さらに、北朝鮮土地改革の核心をなす地主追放について論じる。

一．事前の過程

総督府の権力機構が崩壊するや、表舞台に現れた朝鮮人共産主義者の間では、土地改革をめぐる様々な議論が起きた。その中には、社会主義革命を目指し、農地国有化を推進すべしという主張もみられた。

一〇月に入ると各地で共産主義者が、小作料率引下げ運動（三・七制——従来の一般的な水準、五割から三割への引下げ）や「親日派」の土地没収を始めた。地主層はこれに反発したが、他方では、抵抗を断念し三八度線以南に逃亡する動きもつよまった。

普通には、小作農はこぞって土地改革を歓迎したと考えがちである。しかし実際には必ずしもそうではなく、無関心・消極的な、あるいは地主に同情を示す小作農すら少なくなかった。大半の小作農は国内外の政治情勢の変化を十分に理解できず、確信をもって政治的行動をとることができなかった。土地を貰えるという話に不満なはずはないが、新たな権力機構をどこまで信じられるのか、不安を抱かざるをえなかったのである。

人々の間ではさまざまな噂――「米軍に助けられた南の勢力がソ連軍や朝鮮人共産主義者を駆逐するだろう」、「約束は守られず、土地はけっきょく政府に奪われてしまう」等々――が流れた。将来ありうる政権転覆や地主の報復を考えると、地主と正面から敵対することは危険だった。

さらに、従来の地主―小作人の関係を、利害・階級対立の観点からのみ捉えるのは一面的である。そこには保護者―被保護者（いわゆるパトロン―クライアント）の関係も存在した。すなわち小作人にとって地主は、敬うべき主人であり、また災害や不測の事態が生じたときに助けてくれる有難い存在でもあった。

この状況――小作人の「未覚醒」――に対処するため、ソ連軍司令部は各地で、朝鮮人共産主義者を通じて、土地改革を求める運動を組織した。すなわち、示威運動、宣伝員の派遣、ポスターやビラの配布を大々的に展開したのである。

一九四六年一月、ソ連軍司令部は、全農家の土地所有状況の調査を命じ、土地改革の具体的準備をすすめた。

モスクワではいくつかの土地改革案が討議された。急進案は、地主から所有地を没収、国有化し、農民には使用権のみ与えるもので、国防省が提示した。外務省案はより穏健で、地主所有地を小作農や雇農に分配し、自作農化するという内容だった（金聖甫　一九九五）。

資料3―1（本章末）は、ロシア外務省公文書館が所蔵する北朝鮮土地改革関連文書のひとつである。誰がいつ作成したものか不明だが、時日はおそらく四六年初めごろであろう。その骨子は、全地主所有地の（事後、農民への分配の意図を含む）国有化だった。

二．法令の制定

討議の結果、決定されたのは穏健な案である。

以下、法令（付細則）の主要条文を略記する。

第二条　日本人および民族反逆者の所有地をすべて没収する。

第三条・細則第五　自力で耕作していない土地、すなわち小作地および雇用労働に依存する土地をすべて没収する。
第三条・第一一条　一戸で五町歩以上所有した地主の家畜、農業機具、住宅の一切の建物、敷地などは没収し雇用者、土地のない農民に分与する。
第五条　没収した土地はすべて雇用者（地主の家に住み込む雇農）、土地のない（雇用者以外の雇農および純小作農）または少ない農民に永久に無償で譲与する。
第六条　自己労力によって耕作しようとする地主は、［中略］他の地方において土地を所有することができる。
第九条　土地を割譲された地主にたいする農民、雇用者の一切の負債を取り消す。
第一〇条　農民に譲与した土地の売買、貸借、抵当入れを禁止する。
細則第一四・第一七　小作人には、従来その者が小作していた土地を分配する。ただし分配定量を超えてはならない。
細則第一五　土地の分配は家族の労働能力に応じて行う。すなわち一定の基準にしたがって各家族の労働能力を計算（点数化）し、没収した土地をこれに比例して分配する。
細則第一六　分配に当っては土地の質を考慮する。

第一三条　農民が所有する小さな山林を除く全山林を臨時人民委員会が没収する。

このように、「国有化」の対象となったのは山林だけで、農地の国有化は見送られた。決定されたのは、小作農・雇農への地主所有地の分配すなわち耕者有其田――「完全自作農制の創出」である。その眼目は、従来の自作農の土地所有権を保証する一方、小作農・雇農に土地を与える（所有権証明書を交付）ことによって、農民全体の支持を獲得する点にあった。国有化が農民の反発を招き、占領行政、共産党の権力浸透にマイナスとなることは明白だった。そのため、国有化の意図を隠し、まず、農民に所有権を認める戦略を採用したのである。それが形式にすぎなかったことは、まもなく農民自身の目に明らかになる。

この戦略を証する資料がある。それは『北朝鮮土地改革に対する解釈（草稿）』と題し、朝鮮共産党北朝鮮分局が一九四六年三月に平壌で印刷した小冊子――宣伝マニュアル（宣伝大綱、全五頁、解釈本文、全一六頁）――である（米国国立公文書館所蔵、鄭・木村編　二〇〇一、第一五巻、三四五―六八頁に収録）。

筆者が閲覧した一冊の裏表紙には、手書きハングルで「細胞備品」と記してあり、この冊子が党員に広く配布されたことを示唆する。まず解釈本文は、次のようにソ連の貢献を強調する。

ソ連赤軍の勇敢な勝利は朝鮮を三十六年間の殖民地《ママ》奴隷生活から解放してくれた（本文、一頁）。

続いて、土地改革の意義について長々と述べる。そこには以下の文章がある。

現段階の朝鮮社会発展段階は資産階級性［制］の民主主義段階である。すなわち朝鮮の社会は封建制度に戻るものでないことは再言する必要がない。朝鮮の発展方向はまた、旧式の独占的資本主義の方向でもなく、ソ連式の社会主義的方向でもない。……このたびの土地改革は非封建的独占資本主義的［であり］社会主義ではない新しい進歩的民主主義社会をつくる物質的土台である（本文、六頁）。

この解説にもとづき、宣伝について以下の指示を与える。

「土地改革」をまさに「社会主義革命」であるかのように思っている人間が多いことを理

解せねばならない。反動派どもはそのように謡言しているのである。「土地改革」は封建残滓を粛清するもので、客観的には資本主義的発展のための道を固める作用をすることを力説せよ（宣伝大綱、四頁）。

このようにソ連軍司令部は、モスクワでの決定、すなわちスターリンの指示にもとづいて、国有化・社会主義ではなく、反封建・民主主義を前面に掲げ、地主勢力と農民の分断を図ったのである。

三．実施——地主の追放

法令は発布後、ただちに実施された。北朝鮮の公刊書によると、一か月足らずのうちに、地主所有地の八五％（全耕地のおよそ半分）が没収され、小作農と雇用者に分与された（ソン 一九八三、二〇七頁）。

地主は、小作地を没収されただけでなく、追放処分を受けた。それはどのように行われたのだろうか。

まず既述のように、法令は第六条で、「地主は……他の地方において土地を所有することができる」と規定していた。これは一見、地主の生活を保障する印象を与えるが、実際には追放の法的根拠となった。

上記の北朝鮮の公刊書は、村落の人民委員会が下した「不労地主移住命令書」の書式を記す。そこには「〇〇郡人民委員会の委任によって、土地改革法令第六条にしたがって貴世帯の移住を命令する」と書かれていた。この文言は、法令第六条の狙いをはっきりと示している。

軍司令部の基本方針は、五町歩以上の土地を所有する不耕作地主を「清算地主」とし、反抗せずに土地を差し出した者をすべて追放する、反抗した者には「階級独裁」を実施して拘束・鎮圧するという厳しいものであった。

武装抵抗の例としては、平壌から遠くない西部の米作地帯、黄海道安岳郡で、地主のグループが小銃や機関銃を使って、地方機関の中心幹部を殺害する事件が起こった。この鎮圧は地域の治安部隊だけでは困難で、平壌からの「自（赤）衛隊」の派遣を要した。

東部の都市、咸興では、三月一三日、専門学校生、中高生、市民が抗議デモを起こし、死傷者四〇名、逮捕者二千名を出したといわれる（澤　一九八二、二五一頁）。その他、各地で反土地改革のデモやテロが相次いだ。

地主はさらに、公然たる反抗には至らないまでも、さまざまな術策を講じて追放を免れようとした。たとえばある地主は、みずからを「勤労地主」と称し、追放対象から外すよう陳情書を提出した。

この背後には、すでに指摘した小作人の「未覚醒」問題が存在した。一九四六年七月に平壌で開催された人民委員会保安局会議の議事録には次のような報告がある。

・封建思想が濃厚な山間地方では五町歩以上地主と事務員たちの土地がまだ残っている（平安北道）、

・暗暗裡に地主・小作人が密約し従前の封建的小作制度をそのまま実施している（黄海道）。

別の内部資料（「黄海道安岳郡人民裁判所地方事情聴取事項」一九四六年四月七日）は、「土地改革にたいし小作人の」歓喜の態度、表情があまりに希薄である。これは反動分子の逆宣伝よりも、民度が弱いためであり、知識普及、啓蒙の必要を痛感すると述べていた。

そのため、前出の宣伝マニュアルには、

土地改革は、今日まで、土地を所有していたためただ座って好衣好食のできた地主たちの土地を真に耕作する者に所有させ、地主をなくし、土地を農民に返すものであ［る］。地主たちのひどい非行とその搾取の致毒な点と小作人たちの悪劣な生活状態を具体的に知らせ、人民たちの地主にたいする憎悪心と激憤を起こし、「土地改革」は農民自身のことであり、必ず彼らの手で解決する決心を高めること（宣伝大綱、一一一二頁）

と書かれていた。

行政組織自体、法令を恣意的に解釈・実施する例も多々みられた。

金日成は、一九四六年四月一〇日、北朝鮮共産党中央委員会第六回拡大委員会における演説で、土地改革が短期間で成功裡に終了したことを強調した。その一方で、以下のようにも発言し、改革が多くの困難に直面し、同時点で未解決であることを認めた。

・まだ少なからぬ地方で人民委員会は非常に弱く反動分子が人民委員会に居座っている、
・平安北道では幹部自身が法令を勝手に解釈し、それを歪曲して執行した、
・五町歩以下の土地所有者を地主と規定し公然と敵を多く作った、
・親日派を規定するのに原則なく行い、また個人的報復心にかられて規約違反を行った。

さらに、越南者――南への逃亡者―は次の証言を残している。

・「大地主放逐命令書」が出され、二万坪（六町歩）以上の地主は数時間以内に追放（平安北道江界郡）、
・一万坪（三町歩）以上の地主は、命令発布後二時間以内に遠方へ追放（平安北道定州郡）、
・五町歩以上の地主は無条件で追放（平安北道慈城郡）、
・第一次没収は五町歩以上地主で遠方に追放、第二次没収は三―五町歩地主、第三次没収は三町歩未満の地主で行先を指定せず追放（江原道麟蹄郡）、
・地主は悪質地主、普通地主、自由地主の三つに分けられ、悪質地主は行先を定めて追放、

普通地主は居住地の制限はないが全財産没収のうえ追放、自由地主は生活用具だけ持たせて追放（平壌付近）、

・五町歩以上の地主でも部落で評判の悪くない者は、小作地のみ没収し自作地はそのまま耕作させた（江原道高城郡）、

・四六年三月五日開始の土地改革では土地没収のみ行われ、四七年五月になって五町歩以上地主を僻地に追放（平安北道宣川郡）、

・五町歩以上所有であれ三町歩所有であれ、とにかく地主にはある程度土地を残してやり、もし村の最大の地主であれば家屋、財産すべてを没収（咸鏡南道北青郡）。

土地改革の実施過程でもソ連軍は積極的に関与した。上記の人民委員会保安局会議にはソ連軍のサグロージン大佐が出席し、次の趣旨の発言を行っていた。「土地改革事業において「ソ連軍が」『積極的幇助《ほうじょ》』をなし法令の完全実施をみたが、これにかんする具体的、正確な報告がないことは問題である。」

四．上からの革命

ソ連軍侵攻を機に始まった農村権力構造の変革にたいし、北朝鮮農民は何の準備もなかった。小作農、貧農は土地改革の過程で、ソ連軍司令部と共産主義勢力の宣伝と指示にしたがって行動せざるをえなかった。

彼らの意識は次第に「覚醒」し、一部は農村の新たな指導者となった（本章末、資料3―2参照）。しかし土地改革は、当時から行われた対外宣伝とは異なり、下層農民の自発的運動や闘争によって起こったものではない。それは上からの革命だった。

ソ連軍司令部は侵攻直後から土地改革を計画し、大衆の背後で周到な準備を行った。一九四六年三月という時期が選ばれたのは次の理由からと考える。

第一は国際情勢である。四五年一二月、モスクワで米、英、ソ三国の外相会議が開かれ、朝鮮の独立問題が討議された。四六年三月には米ソ共同委員会がソウルで開催されることになり、ソ連軍司令部と北朝鮮共産勢力には、来るべき統一臨時政府の樹立に備えて、すみやかに改革の実績を示す思惑があった。

第二は農作業のスケジュールである。四月は播種の季節を迎える。もし播種後に土地所有権が変更されれば、農作業の進行に大きな混乱が生じる。混乱を避けるには収穫後を待たねばならなかったが、これは改革の大幅な遅れを意味する。この点から、土地改革は春の耕起と播種前に終えておく必要があった。

北朝鮮土地改革の基本戦略を整理すると以下の通りである。

（一）旧来の農村支配層（地主、自作富農）……追放によって勢力を根絶する。

（二）小作農、貧農……土地所有権を与え、その積極的支持を得る。

（三）自作農……社会主義、国有化といった表現を避けて土地所有権を保証し、当面その消極的支持を得る。

（四）作業……全国一斉かつ一気に行う。ただし大地主と中小地主、在村地主と不在地主といった異なる地主層のあいだでは没収時期をずらすなど扱いを変え、相互離間を図る。

（五）その後ただちに終了――勝利宣言を発し、臨時人民委員会の力を内外に誇示する。

後年、金日成は総計四・四万人の地主が追放されたと述べた（金日成　一九七一、三三一頁）。章末の資料3―1では、五町歩以上を所有する農家数は約七万戸である。いち早く南に逃れた者も多数に上ったから、ソ連軍政三年間で、地主勢力は農村から根絶されたと考えてよい。この農村革命は、北朝鮮に留まった旧地主にきわめて過酷な運命――僻地での極貧生活――を強いるものだった。

それでは、所有権を保証された自作農、土地を分与され自作農になった旧小作農・雇農は何を得たのか。

ソ連軍司令部・人民委員会は彼らに自由な経営・経済活動を許したのではない。地主制復活を阻止するために土地の貸借を禁止したのはもちろん、分与地の売買も禁止した。所有権の要《かなめ》は処分の自由である。それを認めないならば、所有権は実質を失う。

さらに各農村で次のような制度、運動を推進した。

・生産責任制（各戸への作付強制）
・農作業の共同化・組織化（播種・耕起・田植え・刈入れの斉一化）
・生産物の販売統制（自由販売の制限・禁止）
・現物税の厳格徴収（「現物税完納熱誠隊運動」）
・収穫物の供出（「収買」、「糧穀誠出運動」、「愛国献米・麦運動」）

・自家消費の節減（「糧穀消費節約運動」）
・水利施設や道路建設への強制（無償）動員（「建国思想総動員運動」）

現物税負担は規定上、収穫の二五％であったが、収穫を過大に査定することで、それ以上（ケースバイケースで、五〇％あるいはそれ以上）になった。徴収される収穫物の輸送も農民の責任で、牛車の調達など相当の負担を伴った。

ソ連軍司令部は、自由な活動によって農民が富裕化し、反共勢力に成長することを恐れた。彼らが指向したのは、農業経営の全面的な国家統制、農業集団化、国家による生産物収奪体制である。

じっさい、五〇年代には金日成政権のもとで、個人農を協同組合に統合し、農地や農具、家畜の所有権を組合に移す動きが急進展した。協同組合は組合員の自主的な組織ではなく、事実上、国家の下部機関にすぎなかったから、これは結局、農地国有化に等しい。

従来、研究者のあいだでは、北朝鮮の土地改革を（半）封建的土地所有の止揚、資本主義的自作農制度への移行とみる見解が主流だった。

この見解は誤りである。それは、イデオロギーにもとづく先入観、北朝鮮側の公式発表の盲信、法令の真の意図と実態の無理解による。正しくは、北朝鮮土地改革は、国家権力が全ての農地・農民・生産物を所有・支配する体制の創出に向けた歴史的な一歩だったのである。

そのモデルはもちろん、スターリン独裁下ソ連の農業集団化である。肥沃なウクライナ穀倉地帯の富農（クラーク）はその過程で全滅した。

日本や南朝鮮（韓国）でも戦後、地主・小作制の廃棄――農地改革（山林は対象外）――が進められた。その目的は、地主所有地を安価で小作農に払い下げ、自作農主体の農村経営を実現する点にあった。地主は土地を失い、経済的に大きな打撃を受けたとはいえ、他地方に追放されたわけではない。

毛沢東指揮下の中国を含め共産主義国では、殺害、追放によって、地主・富農の存在自体を消滅させた。これは資本主義国と大きく異なる点で、この「階級撲滅」のために土地改革を実施したのである。

北朝鮮は反地主政策をさらに徹底し、地主への過酷な扱いを一代に留めなかった。子孫を「敵対階層」として社会の最底辺に落とし、再起不能にさせる措置まで採ったのである。

資料3－1　土地改革にかんする旧ソ連の文書

暗号文
高度重要。作成番号・・・

北朝鮮の土地改革について建議する：

1941-42年の日本の統計データにより、北朝鮮農業を概観すると以下のとおりである：

1．北朝鮮各道の土地面積合計は約2,131,705 ha（町は0.99 haに等しいので、以下haを用いる）、農家は約1,004,580戸である。平均すると、1農家あたり土地面積は2 haである。土地面積別の農家数は次のとおりである：1 ha未満の土地を所有する農家559,000戸（55%、所有面積116,000 ha、約5%）。

1-5haの土地を所有する農家は376,000戸（37.5%）、その土地総面積は859,000 ha（40%）である。

5-10haの土地を所有する農家は50,600戸（5%）、その土地総面積は581,800 ha（約28%）である。

10-50 haの土地を所有する農家は17,649戸（1.7%）。その土地総面積は399,100 ha（約18%）である。

50-500 haの土地を所有する農家は1,090戸、その土地総面積は107,800 haである。

500 ha以上の土地を所有する農家は40戸、その土地総面積は67,500 haである。

2．朝鮮には大地主はいない。地主は自己の土地を非常に小さな区画に分け、それをすべて小作に出す。みずから経営を行うことはない。

3．5 ha以上の土地の所有者は通例、土地のすべてあるいは大半を小作に出す。すなわち、封建地主のタイプである。

一部の地主はつねに都会で暮らし、農業経営にはまったく従事しない。土地を小作に出し、収穫の半分を得る。このような地主は私的寄生地主である。

4．集約的農業を行い、労働力を多投する朝鮮では、灌漑耕地1 haの労働量はヨーロッパの普通畑作地8 ha［のそれ］に等しく、収穫は4 ha分に匹敵する。

5．5 ha以上の土地を所有する農家は一般に、土地を小作に出す封建地主のタイプである。朝鮮にはそのような農家が約7千戸（全体の7%）存在する．その所有地総面積は約110万ha（全耕地の52%）である。

5 haの灌漑耕地を所有し、それを小作に出す農家は現在，収穫の30%程度の小作料を得ている。小作料は1 haあたり、米70-100プード［1プード＝16.38 kg］である。それゆえ、このような農家は市場価格で、7-10万円の収入を得る。

6．朝鮮で土地を10 ha以上所有する農家は合計18,780戸である。これらの農家は574,400ha（1戸あたり30 ha）を所有する。朝鮮農業が集約的であることを考えると、これらの農家は大地主である。

7．朝鮮農業では雇農は多くない。多く（55.9万戸，すなわち55%）は、所有地をまったくまたは少ししかもたない農民もしくは小作農である。

8．土地改革に実効性を与えるには、5 ha以上の土地をもつ農家から土地を没収することが必要である。そうすれば、土地改革は全農家の7%、耕地の52%（110万ha）に影響を及ぼす。

このばあい、土地をまったくまたは少ししかもたない農家55.9万戸（現在116,400 ha，1戸あたり0.2 haの土地を所有する）は、1戸あたり平均2 haの土地を追加的に受取ることになる。

もし10 ha以上の土地をもつ農家から土地を没収するならば、全農家の約2%、耕地20%超に影響が及ぶが、土地をまったくまたは少ししかもたない農家は、土地改革によって、1戸あたり平均1 haの土地しか受取ることができない。

9．上述の見解にもとづき、以下の土地改革法を提起する：

a/ 土地を5 ha以上もつすべての地主・個人の土地を国有化する。

b/ 土地の賃貸使用を完全に禁止し、すべての小作地を国有化する。朝鮮には合計116万ha（58%）の小作地がある。

c/ 日本人の所有地すべてと朝鮮人民の敵の所有地すべてを没収する。北朝鮮には日本人農家が2.2万戸あり、その所有地は10万ha、［全］耕地の約5%であった。

不完全な情報だが、日本帝国主義から朝鮮が解放されたとき，多くの地主が38度以南に逃亡した（アメリカのデータによると、38度以南には、主に農村から逃亡した避難民が80万人いる）。

d/ 法案では、村落への影響を排除するために、他郡の地主の土地を分配することとする。

（出所）木村編訳　2011、6-7頁。

資料3—2　末端農村の農民同盟決定書

A.〈原文書〉

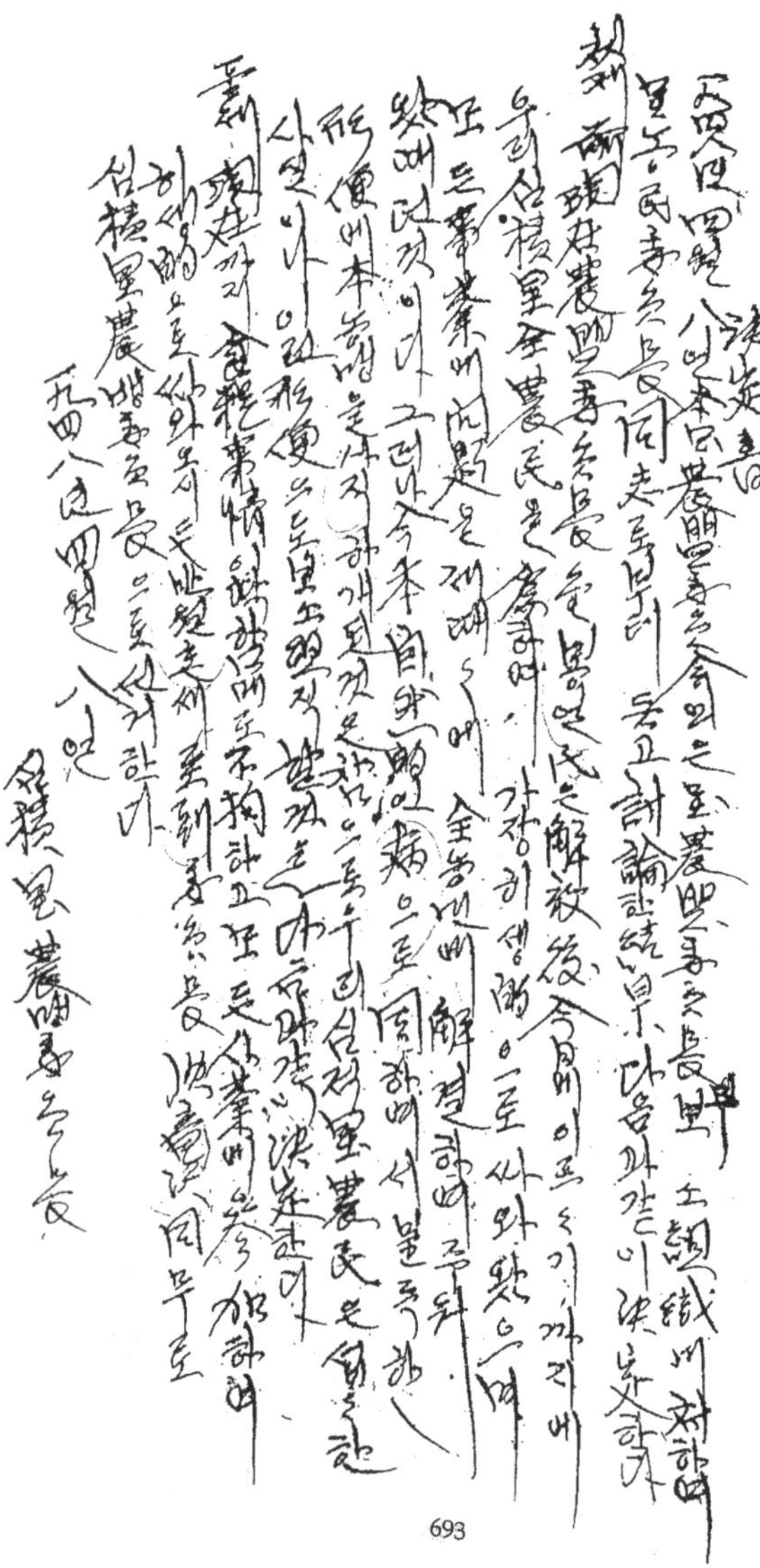

693

〈邦訳〉

決定書

一九四八年四月八日、本里農盟委員会議は里農盟委員長××組織に関して、里農盟委員長同志から［報告を］聞いて討論した結果、次のように決定する。

第一

現在［の］農盟同盟委員長金ボンイル氏は、解放後から今日にいたるまで、我々深積里全農民のためにもっとも犠牲的に闘って来、すべての事業の問題を適時に全農民のために解決してくれたのである。しかし今般、自然の病によって［業務遂行が］不足する状況になり、本農盟を辞職するにいたったことは、誠に、我々深積里農民にとって残念な事実であるが、こうした状況から××組織したものは次のように決定する。

第二

現在まで食糧事情が苦しいにもかかわらず、すべての事業に参加し犠牲的に闘って来た半月村細胞副委員長沈竜沢《シムヨンテク》トンム［同務］を深積里農盟委員長に選挙［出］する。

一九四八年四月八日

深積里農盟委員長

B.

〈原文書〉

決定書

만이 작물 천물세를 하기 위한 보고를 송맹 위원장

십분 행동 지웃고 취소한 결과 재분 목눈을 거듭 하여 왔음

과 갓치 결정 한다

우리 심재리 송민은 시서 우리 조국에 불따 온 는 해국 설

노 로력을 다하세 만이 작물 천물세를 서납 운동을 전개 한

거시며 제조 송결 제세은 반은 반 동자 해 九月十日까지 한 환 한 거시

며 되비 건조는 매 송조 五仟관 비상을 새 취 한 거을 九月

二十日까지 한 거시며 맥유 파종은 九月二十五日서부터

十月五日까지는 완료한 거을 심재리 송맹 위원장 맷 각

부락 문 회장에게 상 집 지운다.

부락 송민 노동맹 각 조 노신재 분서 회면 심재리 송맹 위원장

심 송맹

694

〈邦訳〉

決定書

晩期作物現物税を［納付］するための報告を農盟委員長シム・ヨンテク同志［の報告］を聞いて処置した結果、質問、討論を重ね、次のように決定する。

我々は深積里の農民であり、我々祖国に、燃える愛国熱で労力を尽くして晩期作物現物税を先納［する］運動を展開し、除草総結××を発動し、九月十日までに完了し、堆肥乾燥は毎農戸五千貫以上を採取することを九月二十六日までに行い、麦類播種は九月二十五日から十月五日までに完了することを深積里農盟委員長と各部落分会長に責任を負わせる。

北朝鮮農民同盟江原道麟蹄郡瑞和面深積里農盟委員長

シム・ヨンテク

〈解説〉

米軍は朝鮮戦争で五〇年九月以降、三八度線以北に攻め入り、そのさい北朝鮮の内部文書を大量に奪取した。これが北朝鮮捕獲（鹵獲）文書である。現在は米国国立公文書館に保存されている。この中に、江原道麟蹄郡瑞和面深積里農民同盟関連の文書が多数ある。ここに掲載した資料は同文書中の決定書二点である（鄭・木村編　二〇〇一、第八巻、六九三―九四頁に収録）。

江原道麟蹄郡は三八度線のすぐ北にあり、日本の降伏以降、北朝鮮領内に含まれた。朝鮮戦争の結果、同郡は休戦ラインの南に入り、現在は韓国領に属する。山地が多く貧しい地域である。

農民同盟は朝鮮労働党の傘下組織で、北朝鮮農民を網羅する。

北朝鮮の地方行政単位は大から、道、郡、面、里である。里は末端（村）だが、それはまたいくつかの部落（集落）から成る。一九四八年当時は農業集団化（協同農場創出）以前なので、部落配置は伝統的なままである。

ここでは四八年四月八日開催、第三次深積里農民同盟委員会会議に注目する。同会議録によれば、出席者、三〇名、議長、金鳳一《キムボンイル》（同委員会委員長）と鄭寅植（職位不記載）、書記、金栄澈、開催場所、金鳳一宅、議題は、①三月分文盲退治事業、②春期播種状況、③土地移動状況であった（同、六八九頁）。

この会議では、まず議題三点にかんする決定書（同、六九一―九二頁）、次に委員長交替の決定書（資料A）が採択された。これら決定書は達筆の漢字混じりハングル（同一筆跡）で書かれている。書いたのは書記の金栄澈だろう。この筆から判断すると、金栄澈はかなりの教育を受けた人物である。

委員長、金鳳一については、自宅に三〇名が集まったことから、相当に広い家の持ち主――資産家・在来の有力者――だったといえよう。この時期まで追放を免れていた旧地主だったかもしれない。

資料Aは、農民同盟委員長としての金鳳一の業績を称えたうえで、彼が病のため辞任すること、後任に部落の細胞副委員長、沈竜沢《シムヨンテク》が就くことを記している。

資料Bは、同じ農民同盟の別の決定書である。日付が不記載なのでいつの会議かは不明だが、金鳳一委員長辞任のあと、新委員長シム・ヨンテクのもとで開催され、この決定書が採択されたのだろう。

筆はカナ釘流の稚拙なハングルで、Aとの違いは一目瞭然である。これを書いたのが金栄澈でないことは疑いない。約半年後、一〇月一八日付、第九次深積里農民同盟委員会の決定書の文体・筆跡は資料Bと同じで、そこには委員長シム・ヨンテクと並んで書記アン・ジョンドクの記名がある（同、六九七―九八頁）。

金鳳一の委員長辞任とともに金栄澈が書記を辞任、アン・ジョンドクが新書記となり、これらの決定書を書いたのだろう。教育不十分で漢字をほとんど知らず、きちんとした文章を書けない人物が書記になったのである。

金鳳一の辞任理由が病気というのは本当なのだろうか。それとも権力闘争があって、金栄澈とともに放逐されたのか。真実は分からないが、いずれにせよ、これらの資料は、北朝鮮農村の末端組織で指導的立場に立つ者が、教育を受けた中上層民から下層出身者に変わったことを示す点で、非常に貴重である。

第四章　都市権力の掌握——貨幣改革

ソ連軍司令部は一九四七年一二月六日から一三日にかけて、貨幣改革——新貨幣の発行・旧貨幣との交換——を実施した。これは土地改革から一年九か月後の大改革である。その目的は何だったのか。

経済的にはインフレの収束である。世界で、戦時期から戦後にかけて通貨発行量が増え、インフレが起こるのは普遍的な現象である。四五—四六年に生じたハンガリーのインフレは最悪といわれ、経済史上に名を残している。ソ連でもインフレは激しかったし、日本でもそうであった。このためハンガリーやソ連では、デノミを伴う貨幣改革が行われた。

北朝鮮の貨幣改革にかんしては、その目的をインフレ対策に限定するのは正しくない。同改革には、土地改革と並んで、権力——この場合は都市権力——の掌握という大きな政治目的があったからである。本章は旧ソ連の資料にもとづいて、この点を明らかにする。以下、第一節では貨幣改革の背景と準備を概観する。続いて第二節で同改革の内容と結果を述べ、第三節で改革にたいする抵抗と挫折の様相を観察する。

一．背景と準備

第二章で述べたように、ソ連軍の侵攻直後から四六年初、北朝鮮内の鮮銀券流通高が急減した。これにより、事業停止、賃金未払い、失業が広がった。その後、ソ連軍が軍票を大量に発行したため、貨幣流通総額は四六年二月―六月、一七億ウォンから三〇億ウォンに激増した（表4―1）。

物価は大きく上昇した。平壌の日本人会は、四五年八―一〇月から四六年二―四月にかけて、同地の穀物価格がほぼ三倍になったことを記録している。賃金はそれに応じて引き上げられたわけではないので、インフレは住民生活をつよく圧迫した。

同じく、四五年八月一五日以降、南朝鮮では鮮銀券の乱発、偽造銀行券の流通により、激しいインフレが起こった。これら銀行券の一部は北朝鮮にも流入し、南への同額の財貨流出をも

表4－1　北朝鮮内の貨幣流通高、1945-48年

（100万ウォン）

年 月 日	朝鮮銀行券	ソ連軍軍票	合計
45. 8. 15	1,800	-	1,800
46. 2. 1	796	904	1,700
46. 6. 1	650	2,272	2,922
47. 5. 30	600	5,200	5,800
47. 9. 20	600	7,200	7,800
47. 12. 6	不明	不明	8,200
48. 9. 8	-	-	3,555

（注）1948年は新貨幣。
（出所）木村 1999、110頁。

たらした。

こうした状況を打開するために、モスクワでは早い時期から北朝鮮の貨幣改革を計画していた。旧ソ連の一資料によれば、ソ連財務省は四七年三月、スターリンを議長とする閣僚会議にたいし、同年六月に貨幣改革を実施するよう提案した（木村編訳 二〇一一、五九頁）。

閣僚会議は、外務省やゴスバンクの意見を合わせて検討し、結局、北朝鮮での貨幣交換を同年一二月に実施すると決定した。新貨幣（北朝鮮中央銀行券）の製造はモスクワのゴズナク（国立印刷局）の担当であった。

ソ連軍司令部は六か月にわたり、組織をあげて貨幣改革の準備作業に取組んだ。それは、Ⅰ．宣伝・扇動活動、Ⅱ．組織活動、Ⅲ．情報活動、Ⅳ．財政活動指導部の活動（貨幣管理部局の措置）の四分野ですすめられた。

これら諸活動の具体的内容は、旧ソ連の関連文書から

知ることができる。とくに、ソ連軍司令部民政局長代理、イグナチエフ大佐による「計画　イラトフスキー中佐［財政局長］の措置の保障について」は、同内容を簡潔にまとめた有益な文書である。表4―2は同文書のⅠ．宣伝・扇動活動の部分を示す。

これによれば、当局は綿密に計画を立案し、要綱の執筆、ビラの制作・配布等、業務ごとに実行期日と責任者を決めていた。各業務の責任者は朴鍾玉、許正淑ら人民委員会幹部だが、例外もある。それは、人民委員会機関紙に掲載する法令の執筆という重要な業務で、その責任者はソ連軍人である。また、朝鮮人責任者にはすべてソ連軍司令官・高級将校が「補助者」として付いている。実質的には、彼らが主導者・責任者とみるべきである。

Ⅱ．組織活動以下は主要内容のみ、期日順に列挙する（月を記していない項目はいずれも一二月、責任者あるいは補助者名のない項目は、原文書で該当欄が空欄）。

Ⅱ．組織活動
一日まで　人民委員会の諸措置実行の幇助　　責任者　金日成　補助者　イグナチエフ
一日一二時　人民委員会常任委員会の開催・決定採択　　責任者　金日成
同一八時　道人民委員会会議の開催　　責任者　金日成　補助者　イグナチエフ

表4―2　貨幣改革の準備にかんする旧ソ連の文書（抜粋）

計画
イラトフスキー中佐の措置の保障について

No.	業務内容	遂行期日	遂行責任者	補助者
	I. 宣伝扇動活動			
1	祖国統一民主主義戦線のアピール執筆	47.12.1	朴鍾玉	パブロフ
2	人民委員会機関紙における法令執筆	47.12.1	カドゥリン	
3	報告書および扇動者の要綱執筆	47.12.1	朴鍾玉	カドゥリン
4	特別の芸術的ポスターの準備と制作	12.3まで	朴鍾玉	カドゥリン
5	人民委員会決定と祖国統一民主主義戦線のアピールを記した住民への配布用特別ビラの大量制作	12.4まで	朴鍾玉	
6	人民委員会決定、祖国統一民主主義戦線のアピールおよび詳細な実施要綱の発行（すべて朝鮮文字）	47.12.5	許正淑、朴鍾玉	ネイマルク
7	労働党員から扇動有資格者150名を選抜、下級扇動員への指示および住民への解説のために道、郡へ派遣	47.12.2	朴鍾玉	パブロフ
8	北朝鮮における諸措置を定める人民委員会決定について報告者、扇動員を対象に1日セミナーの開催	47.12.2	朴鍾玉	パブロフ
9	道、郡で人民委員会決定にもとづく諸措置について扇動員を対象に1日セミナーの開催	47.12.3-4	朴鍾玉、許正淑、道委員会の各扇動員	パブロフ、道の軍司令官

10	印刷物、対面での宣伝扇動を通じた住民への広汎な解説活動（北朝鮮人民委員会の諸処置の意義と必要性について）および同様の活動の展開	47.12.4 から 12.14 まで	許正淑、朴鍾玉、雑誌編集人、各扇動員	パブロフ、ネイマルク、道の軍司令官
11	北朝鮮における実行処置を記す雑誌、ビラ、ポスターの全道への送付（飛行機による） 各道の郡、村への雑誌、ビラ、ポスターの送付（特別の自動車による）	47.12.5 朝 47.12.5	許正淑 各道人民委員会扇動部長	パブロフ 道政治部門司令副官
12	北朝鮮での実行措置を記す人民委員会決定、祖国統一民主主義戦線のアピールの散布（飛行機から各地方、村へ）	同上	許正淑、朴鍾玉	パブロフ
13	実行措置を記す特別ポスターの貼付け（道、郡、村）	47.12.5-6	人民委員会扇動部長	政治部門副官

在北朝鮮ソ連民政局長代理
大佐

イグナチエフ

（注）祖国統一民主主義戦線は朝鮮労働党（北朝鮮の共産党）の対南工作機関。
（出所）木村編訳 2011、62－65 頁。

同二〇時　労働党政治局常務委員会の開催　　責任者　金料奉《トボン》、金日成　補助者　イグナチエフ

二日　軍政治部長指導会議の開催　　補助者　レベジェフ［第二五軍軍事会議委員］

四日—一二日　人民委員会の諸措置実行日における町村の国境警備強化　　責任者　政治局、朴一禹

二七日　道の軍事顧問指導会議の開催　　補助者　シュティコフ、イグナチエフ

Ⅲ．情報活動

四日　人民委員会決定の実行経過についての情報組織化（電話、暗号、電報による）　責任者　ベスパリィ、セボフ、各道軍司令官

七日　五日一八時頃までに第一回の短い情報、毎日一八時頃までに最新情報　　責任者　ベスパリィ、セボフ、各道軍司令官

一六日　ソ連軍司令部への最終報告　　責任者　パブロフ［地域民担当指揮官、少佐］、ベスパリィ、セボフ

Ⅳ．貨幣管理部局の措置

一一月二九日　決算書の書式作成と朝鮮語への翻訳　責任者　イラトフスキー、ヴェズルコフ、アブラモフ、金燦《チャン》［北朝鮮中央銀行総裁］、シ・ウォンス、リジャン・サン、キム・ジンモク

同　ソ連軍司令部の布告と指示の原案打合せ　責任者　イラトフスキー、ヴェズルコフ、カラバノフ、カルポフ、シェブチェンコ［野戦ゴスバンク総裁、大尉］

同　決定と書式を含む指示の印刷　責任者　イラトフスキー、ガリコワ

一日　各銀行、北朝鮮中央銀行道支店長、農民銀行支配人、会計主任三二名への指示　責任者　金燦

同　印刷に向けソ連軍司令部布告への署名　責任者　カラバノフ、カルポフ

一日―二日　銀行の道支店で貨幣受理（中央銀行の金庫を経由して軍倉庫から直接、中央銀行により鉄道で発送）　責任者　シェブチェンコ

同　タイプした決定と指示を労働党中央委員会印刷局へ送付　冊子印刷　合計五千部　責任者　金燦

二日　北朝鮮中央銀行で領収書二〇〇万枚、冊子八万部、決算書一三万枚、通知書・布告五〇

万枚を印刷　責任者　金燦
三日―四日　平壌の銀行支店への貨幣引渡し　責任者　金燦、キム・ジンモク
四日―五日　交換作業員の選抜、指名、指示、交換所の組織化　責任者　銀行の道支店長、扇動員、交換所主任、銀行支配人
五日　交換所への貨幣と書類の配送（銀行支店の自動車による）　責任者　各交換所主任、銀行支配人
六日―七日　軍部隊の貨幣交換　責任者　カルポフ

ここには、一一月二九日に軍司令部の布告と指示の原案打合せと記されている（Ⅳ）。責任者は全員ソ連軍将校で、朝鮮人の名はない。金日成が主宰する人民委員会常任委員会による決定は、その二日後、一二月一日である（Ⅱ）。決算書の書式の作成は一一月二九日で、それはまずロシア語で書かれ、次いで朝鮮語に翻訳された（Ⅳ）。こうした記事からも、人民委員会がソ連軍司令部の指令を受け、示された案どおりに決定を行ったといえよう。

軍司令部は事前準備を徹底的に秘密裡にすすめた。イグナチエフ大佐の総括報告書によれば、

貨幣交換の準備作業は、計画と完全に一致して行われた。これは、貨幣交換の成功を決定するもっとも緊張した期間であった。準備作業でもっとも重要だったのは、期間中、この措置が行われることについて完全に秘密が守られたことである。会計記録や宣伝文書を準備し、発行することは長期間にわたるにもかかわらず、また、会計係の準備、交換所への貨幣輸送等、多大な人数が必要とされるにもかかわらず、高度の組織力と政治的自覚のおかげで、全員が申し分ない状態で働き、国家的秘密を守り通すことができた。会計記録や宣伝文書を制作する印刷所の労働者は隔離され、食事も作業場に運び込まれた。人民委員会決定が発表されるまで、印刷所から出た者はいない。

各政党の指導者と北朝鮮人民委員会の指導部はつよい政治的自覚をもち、予定された措置の秘密を明かす者はおらず、最後まで秘密を隠し通した。同じく、この作業にかかわったソ連民政局の職員も最後まで秘密を守り通した（木村編訳　二〇一一、七八―七九頁）。

以上の過程を経て、四七年一二月五日、北朝鮮全土の新聞報道と約一〇〇万部の特別発行物を通じて、貨幣交換にかんする人民委員会決定が発表された。それは北朝鮮住民にとってまったく寝耳に水だった。

くわえて、南側がこれを知り何らかの妨害行動に出るのを防ぐために、この決定は最後までラジオでは放送されなかった。

二. 内容と結果

貨幣改革法令の骨子は次のとおりである。

① 鮮銀券とソ連軍軍票各一ウォンを新銀行券（北朝鮮中央銀行券）一ウォンと交換する。

② 国家機関、国営企業所、政党・社会団体に勤務する者には、各自の現金保有額中、前月分の賃金額を限度として交換する。

③ 農民については、現物税を納付した農家にたいして一戸当り七〇〇ウォンを限度に交換する。

④ 上記以外の人民には、各自現金保有額中、戸主には五〇〇ウォン、一八歳以上の同居家族一人当り二〇〇ウォンを限度に交換する。

⑤ 労働者、事務員を一〇名以上雇用する民間企業には、現金保有額中、前月分支払い賃金額の五〇％を限度に交換する。

⑥　同一〇名未満を雇用する民間企業、小商人、自由業者には、現金保有額中、所得税課税標準額一か月分の五〇％を限度に交換する。
⑦　宗教団体には、現金保有額中、四七年一一月までの月平均現金支出額の五〇％を限度に交換する。
⑧　駐屯ソ連軍および軍機関に勤務する兵員とソ連人民にたいする交換は、ソ連軍司令部の別途規定による。
⑨　上記限度以上の保有旧貨幣はすべて各自の預金とする。

翌四八年一―二月、新たな法令により、預金の払い戻し限度が次のように決定された。国家機関・組合・社会団体は半額、民間団体・個人は二千ウォンまでは全額、二千―五千ウォンは半額、五千―一万ウォンは三割、一万―五万ウォンは二割、それ以上は一割。

以上から分かるように、貨幣改革は資産階級の保有貨幣の多くを無効とし、市中の貨幣量収縮を図るものだった。

狙いどおり、物価は短期間で下落、激しいインフレは収束した。

一方、インフレ過程で貨幣を蓄積した商人や企業者は一挙に資産を失った。日本統治期以来、勢力を張っていた宗教団体とくにキリスト教会もまた、大きな損害を被った。対照的に、一般の農民や労働者は少額の貨幣しか保有していなかったので、損害を受けたとしてもその程度は小さかった。

次の事実はこれを証する：貨幣回収額にたいする凍結額の比率は、従業員一〇名以上の商工業者は七九％に上ったが、同一〇名未満の商工業者、労働者・事務員、農民はそれぞれ四六％、二六％、三一％であった（田鉉秀　一九九六）。

朝鮮人全体とソ連軍の保有貨幣凍結比率はそれぞれ、六五％、〇％、すなわちソ連軍は旧来の保有額全額（九二・六億ウォン）を新貨幣に交換し得た。この結果、新貨幣発行総額（三四三億ウォン）の二七％がソ連軍の手に帰したのである。

三．商人の抵抗と挫折

ソ連軍司令部・人民委員会は土地改革同様、貨幣改革を民主主義的改革と宣伝した。しかしその決定方法は皮肉にも、権力機関が秘密裡に行った点できわめて非民主主義的だった。

都市の資産階級は当然、貨幣改革に反発した。イグナチエフ大佐の総括報告書は次のように述べる。

［大商人や大企業］は貨幣交換に不満を表明した。彼ら［は］事業を中断し、交換の最後の日まで再開しなかった……手元の現金を商品に換えようと多大な努力を払った。交換最終日まで交換所に行かず、各市場では前もって決めておいた高い価格を提示し続けた。……商人仲間内での黄海道松禾郡の商人、リ・ヨンキの発言。「労働者は労働法を得、農民は土地を得たが、商人は何を得たというのだ？　もうわれわれの仕事は終わった。この交換はわれわれの首を絞めるだろう。これからは消費協同組合と国営企業だけが商売をするだろう。われわれはおしまいだ。」……親しい仲間内での清津市の大商人、リ・ヤンスの発言。「もう終わりだ。これはみんなロシアの共産主義の奴らの思いつきだ。奴らは我々を極貧にしたいのだ。」

多額の貨幣をもつ商人は、貨幣交換にかんする人民委員会決定を知ったとき、貨幣を胸に抱きしめて泣き、人民委員会にたいする憎しみと不満を口にした……

「われわれは新貨幣の効力を信じない。なぜならこれは統一政府の貨幣ではないからだ。統一政府が成立したらこの貨幣は廃止されるだろう。」

「ロシア人たちは朝鮮から軍を撤退させることを表明したので、自分たちの貨幣を回収することにしたのだ。ロシア占領時のすべての貨幣を国連総会に引渡し、その支払いを要求しよう」(木村編訳　二〇一一、八三頁)。

同報告書は、有力商人・企業者、投機者、キリスト教徒を反動勢力、プロテスタント右翼と呼び、敵視する。この点からも、貨幣改革がこれらの人々を標的に、その経済力を無にする革命的措置だったことが明らかである。

土地改革と貨幣改革の顕著な相違は準備過程にある。土地改革の場合は、小作農民の意識変革と自作農の支持獲得のために、事前に大々的な宣伝活動を行う必要があった。

これにたいして貨幣改革は、計画が知られると、即座に貨幣を現物に換えるなど、資産階級が対策を講じ、経済に大混乱が生じることは確実だった。そのため、軍政当局は厳重な秘密保持を貫いたのである。

改革の決定が発表されると、「反動勢力」はとくに最初の三日間、教会でのボイコットを呼びかけ、促進集会の阻止、反対ビラの配布といった手段で抵抗を試みた。しかしそれは散発的に終わった。北朝鮮内部では、ソ連軍・人民委員会の支配に対抗できる組織はすでに消滅していた。けっきょく、商人らは貨幣交換を受け入れるほかなかったのである。

資料はこの事実を証する。初日（六日）に貨幣交換所を訪れたのはわずか一〇万人ほどで、その大部分が労働者と農民だった。続いて七日、二二万人、八日、五〇万人、九日、六二万人、一〇日、一四三万人、一一日、一八四万人と次第に増え、最終日の一二日は二一八万人に達した。企業（商人など経営者）の交換者数、交換金額は後半四日間でそれぞれ、四万人から一〇万人に、一・三億ウォンから三・五億ウォンに激増した（同、八一頁）。

平壌では最終日、商人が閉店間際に集団で銀行を訪れた。彼らは大量の旧貨幣を持参し交換を求めたので、銀行は夜中の一二時まで業務時間を延長してこれに応じた。

四．むすび

貨幣改革は政治的には大きな成功だった。反共的な資産階級、宗教団体は完全に没落した。彼らの多くは北朝鮮で生きる方途を失い、朝鮮戦争を奇貨として南に逃れた。

経済的にはどうだったか。

第一に、短期的には激しいインフレは収まったが、長期的な物価安定は保証されなかった。

ソ連軍撤退後、金日成政権が同様に貨幣を乱発したからである。インフレは朝鮮戦争中に加速度的に進行し、一九五九年には、デノミ（一／一〇〇）を伴う再度の貨幣交換が不可避となった（貨幣交換は、のち、七九年、九二年にも繰り返される）。

第二に、イグナチエフ大佐の総括報告書は、貨幣改革の結果、労働者の生活改善、生産意欲の向上が実現したと述べる。これは自画自賛、保身の弁にすぎない。報告書全体の論調がそうである。実際には、四九年になっても、タオルの基準配給量はひとり年間一枚のみなど、労働者の生活は相変わらず苦しかったし、生産増は、兵器分野を除き限定的だった（木村 一九九九、第四章、同・安部 二〇〇三）。

北朝鮮が貨幣交換を行った一方、南朝鮮では鮮銀券が依然、流通していた（南で新たに貨幣―韓国銀行券を発行し、鮮銀券を全面的に無効にしたのは、一九五〇年、北朝鮮の南侵後である）。そこでソ連軍・人民委員会は、回収した鮮銀券を南朝鮮で工作資金として使った（朴甲東 一九九一、八一頁）。いわば不用品を有効再利用したのである。この巧妙なやり方は、共産勢力がいかに政治工作に長けていたかを例証する。

第五章　軍政下の日本人

ソ連軍の侵攻・占領にともない、北朝鮮にいた日本人の生活は激変した。これについては、帰国を果たした人々の証言、厚生省が作成した報告書など多くの資料がある。

森田芳夫『朝鮮終戦の記録』（一九六四）は公刊された書物として、もっとも詳細なものである。満洲をはじめ、他の海外地域を含めた日本人「引揚げ」の総合的研究には、若槻泰雄『戦後引揚げの記録』（一九九五）がある。本章の叙述は、これら二著に多くを負う。

現代では、生命の危険に迫られ国外に逃れる人々を難民（refugees）と呼ぶ。国内の他地域に移動する人々は避難民（internally displaced persons）である。

敗戦により大日本帝国の外地（植民地）は事実上、外国となった――外国の統治下に置かれた。これら地域の居住者は住戸を追われ、日本本土への帰還を余儀なくされたので、現代の定義では難民である。しかし当時は避難民と呼ばれた。ここではこの呼称にしたがう。

一・大量避難民の発生

一九四四年五月の総督府調査によると、北朝鮮在住日本人人口はおよそ二五万人である。その多くは公務・自由業、工業・商業従事者で、農民はほとんどいない。

地域別では北東部の咸鏡北道が最多で、七万人を超えた。同道の朝鮮人人口はこれとは逆に、他道に比して少なかったので、同道全体に占める日本人人口の割合は六・六％に上り、全朝鮮一三道のなかで最大である。同道にはとくに戦時期、日本企業が多数進出した。そこでは、日本内地から赴任した管理者・技術者が、朝鮮人労働者を使って軍事関連の鉱工業開発をすすめた。上記の数値はこれを反映する。

男女別では、内地に比べて男子とくに青壮年が多い。朝鮮生まれの子ども・未成年者も少なくなかったが、五〇歳以上の老年者の割合は内地より低かった。要するに朝鮮では、労働力となる青壮年男子が相対的に多く、そのうちかなりの者は妻子もちだったのである。

出身地は西日本、とくに九州・中国地方が多く、全体の過半が同地方に本籍を置いていた。

このほかに軍人・軍属がいた。ソ連の侵攻時、北朝鮮駐留部隊の人員数は正確には分からない。大ざっぱには一〇万名だが、これは朝鮮人兵士を含んでいる。

ソ連軍はまず咸鏡北道の北部に来襲したので、同地の日本人は八月一〇日には着の身着のまま、徒歩、鉄道で南に向かって避難を始めた。満洲に向かった人々もいたが、彼らはその後、再び朝鮮に避難地を求めることになった。

ソ連軍は同時に、東満、北満から国境を越え満洲国へ侵攻したので、満洲南部在住の日本人、応召軍人とその家族がまず、朝鮮に逃れて来た。彼らは鉄道で、北朝鮮北西部の平安北道に入り、さらに平安南道の中心都市、平壌に集まった。その総数は八月だけで六万人に達した。いち早く京城（ソウル）に逃れた者、さらに釜山から日本に帰還した者もいたが、それは少数である。

その他の地域でもソ連軍の進軍、占領とともに日本人は自主的に逃避、あるいはソ連軍や暴力的朝鮮人に家を追われ、避難民と化した。軍人、軍・警察関係者、高位の行政官は逮捕、拘留され、九月以降、ソ連や延吉《えんきつ》（朝鮮に近い満洲南部の地方都市）に送られた。古川兼秀・元平安南道知事はシベリア送りになったひとりである。延吉には旧日本軍の兵舎があり、そこが日本人収容所になった。軍人・軍属は延吉からソ連に送られたが、官公吏や民間人は釈放された。

移送先はシベリアだけでなく、遠くモスクワ、ウクライナにも及んでいる。青壮年民間人の中からも、シベリアに連行される者が出た。その数は平壌だけで、四六年二月までに三千名を超えた。シベリアで彼らは強制労働と深刻な物不足のため、苦悩の極みを味わった。それは数あるシベリア抑留体験・見聞記から知ることができる。前野（一九七九）はその中でももっとも詳しく、是非参照すべき回想録である。

ソ連兵による婦女暴行は、北朝鮮でも当然のごとく起こった。とくに最初期に侵攻したソ連軍部隊は囚人を含み、悪質だった。彼らは、住いを追われた日本人女性だけでなく、一般の朝鮮人女性も襲った。

日本人は妻女を守るために自警団を組織したが、襲ってくるソ連兵に射殺される者も少なくなかった。興南の元・日本窒素社員の記録によれば、射殺された同社社員は四五年九月―四六年三月、一〇名に上る（鎌田　一九八〇、九五頁）。

日本政府の推算によれば、四五年九月現在、北朝鮮の避難民総数は軍人、民間人合わせて七七万人余であった（森田・長田編　一九七九、三六二頁）。これら避難民の保護、ソ連軍の不法行為停止を求めて、政府は繰り返し、マッカーサー連合国軍最高司令官やソ連政府に申し入れを行った。

二．越冬と三八度線越え

ソ連軍は四五年八月末、三八度線を閉鎖した。そのため北朝鮮在住日本人にとって、南朝鮮への越境、そして日本への帰還がきわめて困難となった。

彼らは各地で旅館、学校、工員寮等での密集生活を強いられた。そこでは食糧をはじめ、衣服、日用品などあらゆる物が不足した。不潔な環境のなかで発疹チフスやコレラなどの伝染病が流行すると、死者が続出した。

ソ連軍は、農民から徴発した食糧、工場から撤去した設備・原材料の搬送のために日本人を駅や港で使役した。街の清掃、ソ連軍将校宅での雑役にも使った。鉱山では鉱夫として動員した。これにたいして支払われる賃金はわずかにすぎなかった。

状況がとくに酷かったのは、戦火に見舞われた北東部、そして満洲避難民が集まった北西部である。秋が深まると、厳寒の季節が到来する。冬を乗り切るのはこれら避難民にとって容易ならざることだった。

北東部では咸興とその周辺に多くの避難民が集まった。ソ連軍はそのうち数千名を富坪《ふひょう》の旧日本軍兵舎に収容した。収容者は外出を許されず、食糧、防寒衣料もほとんど与えられなかった。

その結果、ほぼ全員が栄養失調となり、四六年一月から四月にかけて約一、四〇〇名が死亡した。逃亡者を除くと、これは収容者総数の五割に相当する。

富坪は北朝鮮で最大の避難民犠牲地といわれる。その実情は、咸鏡南道人民委員会検察部員による「富坪移管日本人状態調査報告および意見書」に詳しい。同報告・意見書は、四六年一月にソ連軍司令部、咸鏡南道人民委員会、咸興日本人委員会の委員四名が富坪で調査した結果にもとづく。その一部を引用する。

衣類一枚で着がえはなく、寝具もほとんどなく、その全部がかます［叺――藁《わら》で編んだ穀物袋］をおおいて就寝する……総人員二、四〇一名中……一、九〇〇名は、老幼ならびに不健康者・重症者等にして、栄養失調その極に達し、一人の例外もなく手足は蒼白となり、皮骨相接し、身を起こすこともあたわず、半ば死せる人体がかますの下に埋没するという実情なり（森田　一九六四、四五〇―五六頁）。

平壌の満洲避難民の間では一〇月から食糧事情が悪化、一一月からは発疹チフスが流行し、同様に悲惨な状況が生じた。死亡者数は四五年八月―四六年三月、約四千名に上った。満洲避難民には婦女子が多く、全体死亡率は四〇％に達したといわれる。

犠牲者の遺体は平壌近郊、龍山の墓地に土葬された。

死体が多いときには、一体一体を埋葬していては間にあわないので、大きな穴を掘って何十体かならべ、その上に一尺くらいの土をかぶせて、またその上に死体をならべた。それを三段重ねて最後に土をかぶせ、その上にその上中下の埋葬者すべての木標をならべた（同、四九四頁）。

南への脱出を図るには厳寒期が過ぎるのを待たねばならない。四六年春になると、各地の日本人はさまざまな手段、ルートを模索し、大小の集団で南下を試みた（引揚体験集編集委員会編　一九八一）。

ある場合には、賄賂を払ってソ連軍から移動許可を得て列車に乗り、さらにトラック、徒歩で南に向かった。三八度線越えは命がけであった。

乳児が泣くと警備のソ連兵に察知されるので、母親が固く抱きしめた結果、境界を越えたときには窒息死していたという悲話もある（本書巻末、口述史料参照）。山道を歩けなくなった老人、子ども、病人は置き去りにするしかなかった。

海路脱出を試みた者も少なくないが、船の借上げ料が法外な高値だったり、航海が危険だったり、困難は大きかった。

ソ連軍の侵攻開始から四六年一月までに、北朝鮮での日本人死亡者総数は三・五万人を超えたと推測されている。

三．企業活動と日本人技術者

咸鏡北道の日本企業は戦闘開始とともに操業を中止した。日本製鉄清津製鉄所ではソ連軍が上陸した八月一三日に、炉を停止した。他地域の日本企業も、多くは終戦と同時に操業を中止した。その後、工場占拠、日本人従業員の拘引・解雇・自発的退去、操業再開の試みといった変化がめまぐるしく続いた。

経過は個々の企業によってさまざまである。日本窒素興南工場では日本人幹部が、八月一六日以後も肥料製造を継続する方針を立てた。この下で、日本人・朝鮮人従業員は従来通り出勤した。朝鮮人従業員の一部、徴用工、動員学徒は帰郷したためにこれには加わらなかった。

この状況は、同月二六日にソ連軍が侵攻したことで大きく変わった。同軍は工場を接収し、朝鮮人のみで操業を続ける方針を表明した。日本人従業員にたいしては、工場への立入りを禁止し、続いて旧幹部を次々と拘引した。

住友朝鮮鉱業所元山製錬所では、一五日を機に、刑務所を出所した朝鮮人共産党員が工場委員会を結成し、日本人従業員を放逐した。その他、主要工場・鉱山の終戦直後の状況は表5―1のとおりである。

当初、工場では多くの場合、ソ連軍・朝鮮人指導部は旧日本人幹部や技術者の立入りを禁じた。しかしソ連軍司令部はまもなく方針を転換し、日本人技術者の旧現場への復帰を積極的に推進するようになった。

この措置は、産業の再建に日本人技術者が欠かせないことを彼らが認識した結果である。日本人技術者には一流の専門知識をもつ者が多数含まれていた。他方、朝鮮人技術者は未熟で、複雑な設備を運転できなかったのである。

ソ連軍は、司令部直属の産業顧問にコルクレンコ陸軍大佐を任命し、操業支援を図った。本

表５－１　終戦直後の工場、鉱山の状況

工場・鉱山名	状況
朝鮮浅野セメント鳳山工場	8月17日以降運転休止。9月7日 朝鮮共産党員が工場接収に来る。日本人従業員の出勤停止。
小野田セメント平壌工場	8月16日 朝鮮人職員に事務委任。徴用朝鮮人学徒を帰郷させる。19日 工場休業。20日以降、日本人幹部拘引。
同・川内工場	8月17日 工場保護のために工場幹部が朝鮮人職員に依頼し警備隊を組織。20-22日 日本兵16名来援、工場を保護。26日操業停止、人民委員会が接収。
日本製鉄兼二浦製鉄所	8月18日 兼二浦製鉄所建国同志会結成。28日 製鉄所長、作業中止の所内放送を行う。9月2日 ソ連軍進駐、製鉄所同志会が幹部以外の日本人出勤停止を要求。4日 ソ連軍臨席の下に兼二浦人民政治委員会結成、製鉄所同志会は製鉄所運営委員会となる。5日 他の日本人工場・官庁とともに製鉄所が人民政治委員会に接収さる。11日 製鉄所幹部数名が「治安署」に拘禁さる。
三菱化成順川工場	8月15日 朝鮮人上級職員が委員会を結成し工場の接収を要求したが、工場側はこれを拒否。日本人従業員のみが出勤して残務整理に従事。26日 ソ連軍進駐。3日 朝鮮臨時建国委員会順川邑委員が工場を接収、朝鮮化学順川工場と改称。
朝鮮住友軽金属元山工場	8月16日 操業を停止。朝鮮人従業員が工場委員会を組織。9月初 ソ連軍進駐。
朝鮮軽金属鎮南浦工場	8月17日 朝鮮人従業員が建国工場委員会を組織。工場操業継続。19日 電炉休止。30日 平安南道人民政治委員会が正式に工場を接収。日本人は全員解雇。9月2日 ソ連軍進駐。

三菱製鋼平壌製鋼所	8月15日 操業休止。軍から警備隊来る（ほぼ全員朝鮮人）。19日 軍と日本人・朝鮮人従業員で工場警備に当る。27日 人民政治委員会が工場を接収。
日本鉱業鎮南浦製錬所	8月15日午後、工場設備の破壊防止と整備に従事。朝鮮人従業員が製錬所自衛団を組織。16-30日 工場側は同自衛団による工場接収要求を拒否し、工場設備を保全。23日 ソ連軍進駐。28日 工場閉鎖、全員解雇。30日 平安南道人民政治委員会および鎮南浦地区労働者同盟の連名で工場接収。東洋製錬所と改称。9月7日 ソ連軍の直轄管理下におかれる。
朝鮮火薬海州工場	8月15日直後 工場内騒然。朝鮮人側が工場引渡しを要求、工場幹部は拒否。爆発性の半製品を製品化し火薬庫に収納。9月中旬 人民委員会が工場を接収。
海軍第五燃料廠	8月15日後も採鉱、煉炭製造を平常通り継続する方針を立てたが、朝鮮人が就業せず作業を中止。9月2日　生産兵の一部自由解散。3日 ソ連軍が士官を拘束（ソ連に送る）。
日本鉱業成興鉱山	8月17日 徴用工員下山、操業中止。27-28日 平壌の臨時人民委員会［人民政治委員会］派遣弁護士により鉱山接収。日本人従業員全員の出勤停止。
同・雲山鉱山	8月15日直後、朝鮮人が保安隊を結成。その後ソ連軍が進駐し、これを解散させる。9月10日 平安北道保安部課長の手により鉱山接収。所長宅はソ連軍司令部となる。
同・遂安鉱山	8月16日から朝鮮人の動き活発となる。17日 作業を継続しようとするが能率上がらず。20日 日本軍来る。親日系朝鮮人により鉱山委員会結成。27日 日本軍撤退。9月2日 ソ連軍進駐。15日 平壌から赤衛隊来る。23日 日本人は清掃奉仕に出動。29日 日本人全員脱出、下山。

同・箕州鉱山	朝鮮人従業員は、祝賀行事に参加。8月19日 山神社焼討ち。日本人は集団生活をし、一切を朝鮮人に任す。9月3日 ソ連軍の命令により朝鮮人所員に鉱山を譲渡。13日 日本人は保安隊に金を支払い、全員脱出。
同・発銀銀山	8月19日 面の自治会保安部長立会いの下に仮接収。20日 日本人は全員退去。
同・遠北鉱山	8月16日 朝鮮人従業員の示威運動起こる。17日 朝鮮人代表が鉱山接収と日本人退去を要求。日本人は全員、京城に向けて出発。
朝鮮無煙炭三神炭鉱	8月17日 現状のまま朝鮮人職員に業務一切を任す。20日頃 ソ連兵来る。9月初 日本人は全員独身寮に収容される。
同・大宝炭鉱	8月16日 山神社焼討ち。20日 日本人の出勤禁止。9月13日 地区共産党の指導下、人民裁判が行われる。
同・嶺台鉱山	8月17-18日 暴動状況となる。19日 赤衛隊が組織され、事務の引継ぎが行われる。
明治鉱業安州炭鉱	8月16日 平穏のうちに朝鮮人従業員による治安会結成。25日以降 賃金支払いなどをめぐって混乱する。30日 接収。
同・沙里院炭鉱	8月15-31日 平穏。9月3日以降、ソ連軍進駐。7日 朝鮮人従業員幹部・共産党員によって接収。以後、朝鮮人炭鉱長が管理を行う。
鐘淵工業平壌製鉄所	8月15日以後も炉が稼動。20日ごろ人民委員が来て接収。工場長、経理部長を拘引。9月4-5日以降、日本人は立入り禁止。
日本耐火材料本宮工場	人民委員会が接収（日付不明）。朝鮮人のみで同委員会耐火煉瓦分会を組織。

（出所）木村・安部 2003、139-41 頁。

国には一三八人の技術者の派遣を要請した。しかしこのような小人数ですべてに対処することは不可能だった。

ソ連人技術者には、知識不足と言語障壁という問題もあった。日本企業の近代的設備に彼らは対応できなかった。興南の硫安製造技術は、ソ連人技術者にとってむしろ学ぶべき対象だった。人絹製造技術も同様である。

一九四五年末から四六年初めに、ソ連軍司令部は日本人技術・技能者の登録を命じた。平壌での登録者数は、四六年一月二〇日現在二、一五八名、そのうち高校・専門学校以上卒業者二六九、中等学校卒業者六三六、熟練工六二六、工手六二七名で、高学歴の専門技術者のみならず、現場で経験を積んだ中級技術者や技能工を多数含む（木村・安部 二〇〇三、一五三頁）。

部門別では機械、建築・木工、電気関係が多い。咸鏡南道でソ連軍司令部が指示した日本人技術者確保数は、部門別に、鉄道五〇〇、石炭業一一四、金属製錬一一六、化学一七六、鉱業八六、軽工業六三、食品工業二〇、建築材料工業三一名である。

厳冬期が来ると、車両不足と保線状況の悪化のために列車運行が不可能となった。そこでソ連軍鉄道担当官が日本人技術職員の留用を命じ、運行の再開と朝鮮人による技術習得を図った。日本人側は、勤務条件を付してこれに応じた。咸鏡南道で鉄道関係が多かったのはこのためである。

一九四六年八月には、北朝鮮臨時人民委員会名で次の命令が発せられた。

技術者確保に関する決定書

北朝鮮臨時人民委員会決定　第六二号　一九四六年八月七日

民主朝鮮建設の礎石である産業その他機関の国有化が実現されたこのとき、これを短時日内に急速に発展させるためには、現存技術者の確保が絶対に必要である。これにたいする方策として、次のように決定する。

1. 専門大学卒業または中学卒業以上の技術者は朝鮮人・日本人その他国籍の如何を問わず、技術が所用［要］される機関に従事する義務を負う。

2. 各道人民委員会委員長は一九四六年八月末日までに、所管道内に居住する技術者を調査・登録しなければならない。

3. 略

4. 職場責任者は、配置技術者にたいしては生活の便宜を保障して絶対に厚く包容する義務を負う。

同委員会産業局は、この決定書の細則として「技術者確保に関する決定書施行に関する件」と題する指令を下した。それは、各企業場責任者がとくに日本人技術者を優遇することを命じ、具体的には以下のように規定した。

住宅は当該企業場に属する住宅中、中級以上を提供すること。給料は、専門大学卒業程度月額二千円以上、中等卒業者程度　月額一、五〇〇円以上を支給すること。食糧・被服・寝具その他とくに越冬に必要な生活品を、責任をもって配給すること。発明・発見・考案および著述にたいしては産業局の審査後、特別に褒賞する方針であるので積極的に奨励、内申すること。道人民委員長と企業場責任者は、技術者登録名簿、配属企業場名簿、生活必需品の供給状況を九月一〇日までに産業局長に報告すること。

一九四五年末に旧日本高周波重工業城津工場が操業を再開したとき、勤務に就いた日本人従業員たちは最低四五〇円、最高三千円の月額賃金を支給された。これに照らすと、上記規定が日本人技術者に特段の優遇を与えるものであったとはいえない。当時、最低でも月に一人当り

一、五〇〇円の生活費が必要であったから、月額三千円の賃金でも生活は苦しかった。

この状況の中で日本人技術者は、熱意をもって仕事に取組んだ。それは、従来の職場への愛着と自己の技術にたいする誇りがあったからである。さらに、新国家の建設に取組む周囲の朝鮮人への共感もあった。

日本人技術者は一九四六年から四七年前半にかけて、もっとも活発に活動した。一九四六年一〇月には北朝鮮工業技術総連盟日本人部を結成し、待遇等をめぐってソ連軍司令部および人民委員会と団体交渉を行った。四六年一一月現在、同部に登録した日本人技術者は合計八六八名である。

なかでも多かったのは旧日本窒素興南工場と旧日本高周波重工業城津工場で、それぞれ二七五、一〇一名である。これ以外にも各地の中小工場で、おそらく相当数の日本人技術者が残留した。たとえば朝鮮塩化工業鎭南浦工場では、工場接収後も日本人の元工場長が一九四六年九月まで生産管理に従事した。

建築部門では、平安南道安州郡で日本人技術者が大規模水利工事を指揮した。これは、戦時期に進行中だった工事である。のちに金日成は日本人の貢献には一切触れず、この完成を自己の政権による大きな成果と誇った。

主要な工場や鉱山での日本人技術者の具体的貢献を表5―2にまとめる。そのなかで朝鮮人にたいする技術教育について敷衍《ふえん》する。

戦前、日本窒素興南工場では徒弟講習所を設けて朝鮮人従業員に技術教育を行っていたが、その程度は高くなかった。

日本人技術者は、いずれは帰国するので、それまでに技術知識を朝鮮人に伝授することを自ら申し出た。工場幹部はこれを了承し、一九四六年四月に興南技術員養成所を開設した。同所は、機械、電気、化学の三科を設け、一年制で定員を五〇名とした。

専門科目の教師は、以下を含む総員一五名の日本人である。高草木伊達（表5―2参照）、鈴木音吉（浜松高工、一九三八年、応用化学）、小林五夫（長岡高工、一九三八年、応用化学）、三木芳男（大阪帝大、一九三七年、機械）、柴山藤雄（仙台高工、一九三三年、電気）、柳原醇（熊本高工、一九三一年、電気）。

四六年九月には同所は興南工業技術専門学校となり、定員を一五〇名に増員した。教師と生徒は親密な関係を築き、熱心に教授・学習した。

卒業生は金日成綜合大学の二年次に編入する資格を与えられた。興南ではこれとは別に、工業大学も発足した。これは三年制で、大学教員の養成を目的とした。建築、鉱山、機械、電気、

表5－2　日本人技術者の貢献

技術者名	最終学歴・卒業年・専攻	事業所名（旧名）	貢献内容
後藤縝	東京工大、1923年、応用化学	興南地区人民工場（日本窒素興南工場）	硫安製造技術を改良、この功により、人民委員会から労働英雄称号を授与さる。
河村一男		同	硫安工場で重要なボール・ベアリングを考案、労働英雄。
田村茂		同	生産実績を高める。表彰状を授与さる。
高草木伊達	東京工大、1926年、電気	同	工場付設の「興南技術員養成所」設立を起案、朝鮮人の技術教育に当る。
成田亮一	北海道帝大、1930年、採鉱（工学博士、端川マグネサイト所長）	同	興南工業学校の施設を使い興南工業大学の設立を起案、教授として物理学の講義を担当(48年以後も残留、50年、米軍の爆撃で死亡)。
草間潤	東京帝大、1939年、応用化学	同	龍興工場で酢酸とエチルアルコールの製造に成功。
佐野正寿		同	本宮のアセトン工場の復旧を担当。
岡野正典		城津製鋼所（日本高周波重工業）	特殊工具直接製造法の工業化、および燐鉄から燐酸肥料と鉄の抽出実験に成功。表彰状を授与さる。興南工業大学で講義を担当。
若松志広	大阪帝大、1935年、冶金	清津製鉄所（日本製鉄清津製鉄所・三菱化成煉瓦工場）	生産復旧、増産を指揮。

大草重蔵		同	同
中島小市		黄海製鉄所（日本製鉄兼二浦製鉄所）	所で最大の第3熔鉱炉を復旧（1947年11月、金日成人民委員会委員長により火入れ式挙行）。
安田清吉		岐陽化学工場（朝日軽金属）	苛性ソーダ生産の操業（1947年7月）に尽力。
吉田一六		同	同
三浦義明	日本大、1934年、機械	吉州パルプ工場（北鮮製紙化学工業）	生産復旧に尽力。
滝本英雄	京都帝大、1933年、機械	南浦造船（朝鮮商工）	北朝鮮初の鉄鋼船「陣営号」（400トン）を設計（48年以後も残留、50年、米軍の爆撃で死亡）。
松尾武記	三重高農、1928年、農業土木	南陽塩田（大日本塩業）	数十町歩の塩田増設の測量と設計に従事。
米村武雄		咸鏡北道石炭管理局	阿吾地など17炭鉱の増産計画を立案。
杉山繁男		平北労働新聞	北朝鮮随一の活字鋳造技術を有し、新聞印刷、北朝鮮共産党の機関紙『正路』（のちの『労働新聞』）の印刷に貢献。
池田紀久男	旅順工大、1938年、機械	水豊発電所	発電量の増大に貢献。
池田好比古		勝湖里セメント工場（小野田セメント平壌工場）	窯の改善指導（その他のセメント工場・製鉄所でも指導）。勝湖里窯業技術学校で講義を担当。
今井頼次郎	東京帝大、1919年、電気（元平壌商工経済会会頭・西鮮合同電気会社社長）	北朝鮮臨時人民委員会産業局	局顧問として、局長らに「事業経営論」を講義。

加藤五十造	元朝鮮無煙炭社長	北朝鮮臨時人民委員会石炭管理局	列車の燃料用に、無煙粉炭をアルミナセメントで固めたアルセ煉炭を開発。
安藤豊禄	東京帝大、1921年、応用化学（元小野田セメント専務）	同	同
北川勤哉	京都帝大、1934年、電気	青水化学工場（日窒燃料工業）	カーバイド炉の運転を指導。
須田一男	広島高工、1937年、応用化学	同	同
大林繁生	九州帝大、1928年、冶金	雲山鉱山（日本鉱業）	協力会を組織し、精鉱月間処理400トン、100GSTの青化製錬の設計と建設・運転に協力（1945年11月着工、46年8月に完成）。将来の雲山鉱山の開発にかんする詳細な報告を作成。

（注）最終学歴、卒業年、専攻は判明分のみ。
（出所）同、158-59頁。

化学の各科を配し、二〇〇名の学生を受け入れた。ここでは、旧日本窒素・日本高周波重工業の日本人技術者（前記、成田ら）が講義を担当した。

このほか、勝湖里窯業技術学校、成興鉱山工業技術専門学校などで日本人が技術教育に当った。

四、ソ連軍の対日本人政策

ソ連の中央政府は侵攻以前、朝鮮の内情を十分に知っていたわけではない。綿密な占領計画を立てていたこともない。軍事的な情報は集めていたが、政治・経済・地理・世情については疎かった。占領軍は初期、北朝鮮の人口総数すら正確には把握していなかったのである。

瞬く間に北朝鮮全体を支配下に置いたことで、ソ連軍司令部は基本統治政策の立案、行政組織の整備に忙殺された。スターリンの指令で、日本軍関係者、高位行政官らは短期間のうちに捕虜として本国へ送ったが、それ以外は試行錯誤の状態であった。無力な存在と化した一般日本人の扱いは、司令部にとって優先順位の低い問題にすぎなかった。

その結果、日本人への対処は各地の現場指揮官の恣意的な判断に任された。日本人は、ある地域では比較的自由に行動できたが、別の地域では厳しい制限下に置かれた。軍当局から出発許可を得ても途中で検問に遮《さえぎ》られ、泣く泣く引き返す日本人グループも少なくなかった。

いずれにせよソ連軍は、住戸や職場を奪っただけでなく、三八度線を閉鎖し、日本人を北朝鮮内に閉じ込めたのである。多くの犠牲者が生じたのは何ら不思議ではない。これは日本人の保護と早期引揚げに努めた南の米軍と大きく異なる。ソ連占領下の日本人からみると、南はまさに自由、安全、希望の地だった。

他面、ソ連軍司令部にとって、一般日本人を長期間、北朝鮮に留めることは自らの利益にならなかった。朝鮮人からも、食糧不足のなか、わずかとはいえ、日本人に食糧を配給することへの反発の声も上った。このため、前述のように、有用な技術者を除き、日本人の本国送還を認める方針がとられるようになった。

一九四六年九月、連合国軍総司令部代表と対日理事会ソ連代表の間で、ソ連占領地域からの日本人引揚げ合意が成立した。これによって同年一二月、北朝鮮からも日本人の正式引揚げが始まった。

引揚げを許されなかった技術者のなかで、帰郷心の募る者は南朝鮮に脱出する道を選び、海陸をさまよいながら三八度線を越えた。

日本人技術者の団体はソ連軍司令部・人民委員会と交渉し、四七年春以降の正式引揚げ許可を得た。その結果一九四八年七月までに彼らの大部分が帰国した。

残ったのは、技術指導のために任意で雇用契約を延長した者、犯罪容疑で勾留された者、朝鮮人と結婚していた婦人である。残留技術者のうち数名は、朝鮮戦争時に米軍の爆撃で死亡した。南朝鮮への脱出のさい、現地の朝鮮人に預けられた子ども（残留孤児）もいたと思われるが、実態は不明である。

旧日本窒素龍興工場（秘密軍事工場）の技術者はシベリアに送られ、長期勾留された。日本人技術者と北朝鮮のつながりは、引揚げ後も完全に断たれたのではない。とくに旧日本窒素の関係者は、北朝鮮側の要請に応じて、六〇年代からしばしば北朝鮮を訪れ、技術指導に当った。その貢献により、金日成バッジを授けられた者もいる。これは公には明らかにされていないが、厳然たる事実である。

五．むすび

一九四四年七月、米軍の攻撃によりサイパンが失陥した。これは日本本土への米軍機B―29

による連続爆撃を招く重大事だった。

米軍は日本人の戦意喪失を狙い、軍事施設だけでなく、民間人をも標的にした。その極みが四五年三月の東京大空襲、そして八月の二発の原爆投下である。同年三月―六月には、沖縄で地上戦が行われ、民間人多数が犠牲となった。

民間人の大量殺戮《さつりく》（しかも最強の「化学兵器」、原爆による）は戦争犯罪だが、すべての罪は日本に着せられた。勝てば官軍、敗ければ賊軍のことわざ通りである。

ソ連の動向については、日本政府・軍の上層部は、対日参戦はありうるが、それは四五年秋から冬と考えていた。

近年、ヤルタ会談直後に在欧武官・外交官が密約情報を入手し、日本政府に打電していた事実が明らかになっている（岡部　二〇一二）。政府首脳はこの情報を無視した。ソ連に終戦仲介工作を依頼するつもりでいたからである。

日本側の情報収集の遅れ・分析の誤りは、惨事の大きな要因となった。ソ連参戦を察知し、それに備えて満洲や南樺太で邦人避難を実行していれば、人的被害ははるかに少なく済んだであろう。

朝鮮では、ソ連国境に近い咸鏡北道で、現地の軍司令官と総督府の行政官が四五年四月に邦人避難計画を立てたものの、小規模で、かつ詳細に欠けた。それは結局、実行に移されないまま、八月を迎えたのである。

挿話⑤

インテリジェンス・リテラシー

敗戦が迫る中、日本はソ連の参戦時期について、希望的観測に頼って最悪のシナリオを斥《しりぞ》ける愚を犯した。のみならず、戦いを仕掛けると決定している相手（ソ連）に助けを求めるという一層の愚を犯した。この様子を分かりやすく戯画的に描写するなら、次のようになろうか。「イポーニヤの野郎どもが、戦争をやめたいので何とか仲介してくれないかと泣きついて来たぜ。俺たちがもうすぐ攻めに行くのに気がつかんとはな。まったく馬鹿な奴らだ。笑いが止まらん。」

これはまさに外交上の恥ずべき大失敗で、将来にわたって貴重な歴史的教訓としなければならない。

戦後日本では、太平洋戦争（大東亜戦争）の反省・教訓として平和教育が重視され、学校をはじめ様々な場で実践されている。そこでは、「戦争ほど残虐なことはない」、「二度と戦争をしてはならない」と繰り返し語られる。それはもちろん意義深く、必要なことだが、反面、敗戦と甚大な戦争被害の原因について、客観的、多面的、具体的な考察が示される機会は決して多いとはいえない。

大半の日本国民は、「米国のような大国と戦って勝てるはずはなかった」、「まったく無謀な戦争だった」と言い、そこで思考を停止してしまう。本当にそうだったのだろうか。

古代の昔から、小国（小民族）が大国（大民族）に勝った例はいくらでもある。モンゴル族や満洲族は、自分たちの何十倍もの領土・人口をもつ漢族を征服し、百年、二百年間、厳と支配した。日本自身、大国のロシアを下した。戦後では、ベトナムが事実上、米国に勝利した。アフガニスタン（タリバン）もそうであろう。日本にせよ、ベトナムにせよ、物量をはじめあらゆる点で、到底勝ち目のない戦いではなかったのか。

日本が対米戦で敗北した重要な要因のひとつは、情報戦にあった。日本軍の重要暗号が米軍に解読されていたことは、今日、戦史に関心のある人なら皆、知っているだろう。広い洋上で待ち伏せ攻撃を受け、連合艦隊司令長官が墜死したのは、暗号文を読まれたからである。戦いに勝てるはずがないのは、まさにこの点においてといわねばならない。

逆に、元陸軍情報参謀の回顧（悔恨というべきか）によれば、米軍の機密情報を探知する日本側の態勢・能力には重大な欠けがあった（堀　一九九六）。一例として、米国が核実験に成功したこと、八月六日、九日にテニアン島から核搭載機が本土に向けて発進したことを日本軍は全然摑《つか》めなかった。これは原爆被害に関連して広く知られるべき事実と考えるが、戦後世代にほとんど伝えられていない。

日露戦争では、対敵攪乱工作を含め、日本は優れた諜報能力を発揮し、勝利の一因としたといわれる。この伝統はその後、十分に継承されてはいない。

現在、日本は北朝鮮による軍事的脅威に直面している。これについて、同国の核ミサイル開発に日本の技術情報が使われてきたことは専門家の間では常識である（木村　二〇〇二）。インテリジェンス・リテラシー（諜報意識）の遅れは、戦後の平和国家体制の下で一貫して日本の弱点となっている。

終　章　ソ連軍政の評価

本章ではまず、ソ連の北朝鮮統治にかんする米国の分析を観察する。ここではとくに、一九五〇年の米国務省の調査を取り上げる。次いで、現代ロシアの代表的学者が、日本の韓国併合からソ連軍の北朝鮮侵攻・占領までの歴史をどのように論じているかを探る。さらにロシアの愛国主義について考察し、本章および本書全体のまとめとする。

一．米国務省『北朝鮮　接収方法についての事例的研究』

表記の報告書はタイプ印刷のもので、二〇〇頁に及ぶ。発行者、発行年月の記載はなく、冒頭頁に部外秘の印が押されている。

同報告書はマルクス主義朝鮮史家、故梶村秀樹の旧蔵資料中にあるが、国会図書館をはじめ日本のどの大学図書館も所蔵していない。そのせいであろう、筆者が知るかぎり、日本人研究者はこれを参照していない。

他方、米国の研究者はこの報告書を従来、しばしば引用してきた。というのは、これはもともと米国務省による英文のものだったからである。筆者が目にしたのはその邦訳で、外務省が部内用に作成した一篇と推測する。

故梶村は反体制運動家でもあったから、いわば敵を知るために、何らかのルートでこの邦訳を入手したのだろう。原タイトルは、*North Korea: A Case Study in the Techniques of Takeover*、発行は一九六一年で、現在、グーグルがウェブ上で全文公開している。

「まえがき」によると、この報告書は、朝鮮戦争中の一九五〇年一〇月末から三か月にわたる現地調査と文書資料にもとづいて国務省調査団が作成した。当時国連軍は三八度線を越えて北朝鮮に侵攻し、占領地域を拡大していた。調査団は、平壌をはじめ各地で現地住民、公職者らから事情聴取を行うと同時に、大量の内部文書（ソ連・北朝鮮の公文書）を集めた。

当時、米国は朝鮮半島だけでなく、欧州、アジア各国でソ連と鋭く対立していたから、この報告書の論調は、当然ながら対ソ批判である。日本の多くの研究者・知識人は米国の対ソ批判を反共プロパガンダとみなし、ほとんど顧みなかった。故梶村もそのひとりである。しかし以後の歴史は、米国の批判が基本的に正しかったことを証している。

報告書はまず、タイトルにテークオーバー（takeover）という言葉を使っている。これは、乗っ取りとも訳せる。邦訳は「接収方法」という穏やかな表現であるが、端的には「乗っ取りのテクニック」である。

ソ連は北朝鮮侵攻・占領、日本統治の終焉をosvobozhdenie（解放、liberation）と呼んだ。その後政権に就いた朝鮮人共産主義者が同様であるのは言うまでもない。のみならず、今日、ほぼすべての日本人・米国人研究者は「解放」を踏襲している。

たしかに北朝鮮の住民は、日本人という異民族の統治から解放された。しかし彼らにとって、この解放は新たな、そしてより不自由・過酷な支配の始まりにほかならなかった。住民の意思とはまったく無関係に、別の勢力が従来の支配者に取って代わったのである。この意味で報告書がタイトルを、「解放」ではなく「テークオーバー」としたのは適切と考える。

報告書の内容は多岐・詳細にわたるが、主要な点は以下である。

①　ソ連の占領政策は次の二点を主目的とした。すなわち北朝鮮に、他の衛星国と同様の政治機構——ソ連の支配と利益に資する——を作り上げること、その政治機構はソ連をモデル

とし、恒久的で発展しうる独立国のそれであること。これらの目的は驚くほどの成功を収めた。それは日本の統治下で、組織的な朝鮮人政治勢力――ソ連の占領政策に抵抗しうる――が根絶されていたからである。

② ソ連の支配機構は、公式のソ連・北朝鮮関係の裏で機能していた。典型的には、大部分の北朝鮮政府機関に、ソ連の中央政府に忠実なソ連人顧問・ソ連系朝鮮人副相を配置し、名目的な長たる朝鮮人に「助言」を行った。

③ ソ連は、日本が植民地期に行ったのと同様、朝鮮の人的・物的資源を自国の利益のために利用した。国内投資を鉱業・重化学工業に集中し、製品をソ連向けに輸出したのである。一例として、国内消費を犠牲にした大量の化学肥料の輸出がある。ソ連がこのほかにも貿易の形態で、北朝鮮から各種の財を強奪したかどうかは不明瞭だが、北朝鮮が貿易活動を異常なほど秘密にしていたことから察すると、おそらく事実であろう。

④ 一九四六年初の土地改革は、政府に忠実な新たな指導層を農村に醸成した。この改革により農民は土地所有権を得、「独立」したが、それは見せかけだけであった。彼らは、期待した物質的利益を得られず、国家に奉仕する者となった。

⑤ ソ連はつよい影響力を行使して、北朝鮮に高度の党・政府機構を築いた。初期の改革は、

従来の国内支配層（大地主、キリスト教会、企業家、知識人）の勢力を破壊する組織的計画の第一歩であった。政府は彼らを無能化し、労働者・農民から引き抜き教育を施した膨大な官僚群（警察を含む）、党員、将校、技術者に置き換えた。またソ連から多くの兵器を輸入する一方、将校・兵士を優遇・訓練し、相当規模の軍隊を創出した。これは警察力の拡充と相まって、ソ連軍の引揚げを可能にした。

⑥ 消費財産業の無視、個人消費の抑制、労働奉仕により一般の生活水準はおそらく、日本統治期より低下した。目前の生産目標に集中する結果、生産物の質は著しく劣化し、多くの労働力、設備、原料の浪費が生じた。

⑦ 新政権は、ソ連による軍事占領と住民の服従を基盤とし、一般の積極的支持を得ていない。それを示すのは、人口の大きな割合が南へ逃亡したこと、統制をますます厳格化する必要に迫られたこと、生活への不満がとくに農民の間で広がったことである。

⑧ 証拠文書はないが、この地域のソ連支配という性格から、南への攻撃がソ連の扇動または許可なしに行われたということはありえない。

これらの観察はすべて的を射ており、ソ連の意図、軍政の内実を正しく把握している。本書の議論はそれを裏書きする。経済実績（⑥）については本書では論じなかったが、筆者のこれまでの研究結果と符合する（木村　二〇一六）。

朝鮮戦争の開戦責任が北にあること（⑧）は、北朝鮮の内部資料の研究や一九九〇年代以降に公開された旧ソ連資料により、明白となっている。開戦の背景については論争があり、開戦責任を問うことに意味はないと主張する研究者もいる（筆者はこの主張には賛同しない）。しかし北が攻撃を仕掛けた事実自体を否定する者は、北朝鮮・中国の宣伝員以外、いない（木村　二〇二二）。

報告書は最後に、ソ連の軍政が残した影響力の大きさを指摘し、北朝鮮がソ連から離れて独自の路線を歩む可能性は小さいと述べる。今日振り返れば、この見通しは誤っていた。

現状分析が妥当であっても、それは将来の正しい見通しを保証しない。スターリンの急死（一九五三年）、フルシチョフの登場・スターリン批判、中ソ対立といった外部状況の変化は予測不能だった。

誤りの他の要因は、金日成の能力を過小評価したことである。金日成はソ連から帰国当時、経験の乏しい三〇代の若輩にすぎなかった。しかし次第に並外れた政治力を発揮し、政敵（いわゆる南労党派、ソ連派、延安派、甲山派）を次々と粛清、あるいは亡命に追いやった。

外交面では、当初はソ連の傀儡国家にすぎなかったが、スターリンの死後、中ソ対立のなかで両国と巧みに距離をとった。こうして金日成は、中ソに服属しない独自の主権国家――「主体思想」にもとづく首領制世襲国家――を樹立することに成功したのである。それは国務省調査団の予想を超える展開であった。

この観点からみると、北朝鮮で最終的に権力のテイクオーバー＝乗っ取りを果たしたのは、金日成とその周辺の者だったといえよう。彼と息子・正日は権力を独占したうえ、歴史を偽造して自らを飾り、国王さながら、栄耀栄華の日々を送った。国民は恐怖政治の下で貧困生活を強いられ、九〇年代には飢餓による大量死も経験した。それをよそに権力は三代目・正恩に引き継がれ、現在に至っているのである。

二 トルクノフ他『現代朝鮮の興亡――ロシアから見た朝鮮半島現代史』

この書物の原著は二〇〇八年にモスクワで出版された（原題を直訳すると、『朝鮮半島：戦後史の展開』）。邦訳の刊行は二〇一三年である。

著者は、トルクノフ（モスクワ国際関係大学学長）、デニソフ（同大学教授）、リ（外交アカデミー研究センター長）の三名で、いずれもロシアの朝鮮問題専門家である（肩書は出版当時）。

モスクワ国際関係大学は、ロシアを代表する国際政治学の専門大学として知られ、とくに外交官養成の役割を担っている。トルクノフとデニソフはともに外交官――デニソフは一九九六―二〇〇〇年、駐北朝鮮大使――の経歴をもつ。

トルクノフらは、日本による韓国併合と統治から筆を起こす（第一章）。この書物の主題は戦後の北朝鮮・韓国なので、この部分は予備的考察である。続いて日本統治の崩壊から朝鮮戦争直前までの南北の政治状況について述べる（第二章）。それ以降は二〇〇〇年代までの北朝鮮と韓国の国内政治・外交を南北ほぼ均等に論じる（第三章―第八章）。

訳者はこれを、「世界でもおそらく他に例を見ない南北双方の朝鮮を一冊のなかで分析した」、「ややロシア的アクセントを伴ってであるが……バランスの取れた」南北朝鮮の現代史と評価する（四六四頁）。

ここでは第一章と第二章に絞って観察する。

韓国併合――大韓帝国の滅亡――の要因についてトルクノフらは、一九世紀末のロシア外交官の言葉を引いて、韓国の政府・エリート官僚が無能で、国家が自然崩壊の過程にあったと述べる。反面、戦後韓国・北朝鮮の常套句、「日帝（日本帝国主義）の侵略」によるとはなぜか書かない。当時、ロシアが朝鮮半島の支配を企図していたことを意識し、同類とみられるのを避けたかったのかもしれない。

対照的に、日本統治の評価は、全面的に韓国・北朝鮮の史観に沿う。すなわち日本の統治は、農地や資源の収奪、農業の退廃、住民の貧困化、民族差別、労働者・慰安婦の強制連行、戦争準備のための重工業建設をもたらしたと論じる。さらに、反日義兵闘争・民衆運動・農民運動・労働運動、ロシアや満洲を拠点としたパルチザン闘争について触れ、これらを日本が徹底的に抑圧したと批判的に述べる。

一九六〇年代後半から北朝鮮政府（金正日）は歴史改竄《かいざん》を進め、朝鮮の「解放」は、金日成が朝鮮人民革命軍を率いて成し遂げたと公言している。トルクノフらはこれに不快感を示し、日本の過酷な植民地統治から朝鮮人民を解放したのは赤軍（ソ連軍）であると大書する。彼らの不快感は、韓国の歴史家が赤軍の「解放者的役割」を無視していることにも及ぶ。

トルクノフらはさらに、次のように述べる（不適切な訳語は適宜修正）。

・ファシスト・ドイツの降伏後、ソ連はヤルタ協定とポツダム宣言に則《のっと》って軍国日本との戦争準備を始め、四五年四月初め、中立条約の破棄［非延長］を通告した。

・連合国の義務という精神にしたがって、ソ連は八月八日、対日戦を開始した。

・朝鮮解放戦では約五千人のソ連軍将校・兵士が死亡ないし負傷した。
・ソ連軍司令部は四五年九月二〇日、次の指令を発した：ソ連軍が北朝鮮に入ったのは日本の侵略者の粉砕が目的で、ソ連的秩序の導入や朝鮮の領土を獲得するためではないことを住民に説明する。北朝鮮に在るソ連軍は規律を遵守し、住民を侮辱せず、礼儀を守る。
・四五年末から四六年初めにかけて、ソ連軍政当局のおかげで社会政治的および経済的状況は安定化した。
・米国の軍政当局は朝鮮を外国統治者から解放された国民としてではなく、あたかも第二次世界大戦で本国とともに敗北した国家として扱った。南の全政党や運動は軍政当局の統制下に置かれた。
・北朝鮮の土地改革は迅速に、二〇日間で行われ、農民の間で広い支持を得た。
・貨幣改革が行われ、ウォンという固有の通貨が導入された。
・北朝鮮で実施された改革は民主主義的性格を帯び……新しい国家権力機関の最重要法律や政策はソ連の専門家によって作成された。四六年末から四七年初めにかけて、人民委員会の選挙が……普通・平等・直接選挙によって、しかも秘密投票で行われた。
・四八年の人民共和国の憲法は……社会主義的であり、ソ連憲法を基礎としていた。

・憲法は……民主的権利と自由を保障し……平等をうたった。表現の自由、出版、結社、集会……信仰、布教の自由……が保障された。

・ソ連は北朝鮮の計画経済の基礎作りに協力し……二国間の貿易量が急増、四八年の貿易は四、八四〇万ルーブルに達した。ソ連から人民共和国［北朝鮮］に輸出する三分の二は工業設備と燃料であった。

・ソ連は北朝鮮軍の形成と強化に直接関与した。

以上、トルクノフらが主張するのは、日本統治下の収奪、ソ連軍侵攻の正当性、民主的な占領政策、北朝鮮の政治経済発展の基礎構築である。これを一言でいえば、北朝鮮の解放とその後の自主的な発展に、ソ連が犠牲を厭《いと》わず決定的な役割を果たしたと論じるのである。

他方、ソ連軍の無法な行動をはじめ、民主的なる改革や占領下の住民生活について、実態の検証を一切行っていない。トルクノフらは事実を直視せず、すべてを自己（ソ連側）に都合よく解釈している。

四五年一一月、新義州学生事件が起こった。これは大規模な反ソ・反共暴動で、ソ連軍の略奪・暴行と朝鮮人共産主義者の横暴に怒った専門学校生ら数千人が参加した。

その鎮圧のさいには、数十名もの死傷者が出た。逮捕者の一部はシベリアに送られたという。この事件は朝鮮近現代史家にとって基本知識に属するが、トルクノフらは言及しない。

その他、宗教者（キリスト教徒、天道教徒）や自由主義・民主主義の信奉者による反ソ・反共運動が各地で発生した。それは、定州五山学生事件（一九四七年五月二三日）、天道教徒三・一再顕運動（四八年三月一日）、平安北道熙川反共事件（ソ連軍撤退後まもなく、四九年二月二八日、首謀者逮捕）、平安南道江西統一烽火事件（同、五月二二日発覚、二六名が死刑または獄死）など、枚挙に暇がないほどである（澤　一九八二）。

こうした運動をトルクノフらは無視し、住民がこぞってソ連軍政を歓迎したかのように叙述する。

三．ロシア主義

最高権力の行使と評価

占領軍は被占領地域・国で、最高権力機関として君臨する。朝鮮半島では、日本の降伏から約三年間、ソ連軍が三八度線以北を占領し、圧倒的な権力を行使した。米国務省の報告書とトルクノフらの書物はこの認識を共有する。

両者間の相違は、ソ連の占領行政にたいする評価――前者は否定的、後者は肯定的――である。既述のように、米国務省の否定的評価は反共イデオロギーと直結していた。

それでは、現代のロシア人研究者による肯定的評価はどこから来るのだろうか。ソ連時代ならば、思想・学問の自由がなかったから理解できる（当時の公式見解は、ヴァーニンの書物（Vanin ed. 1988）に典型的に示されている）。だが、ソ連時代は三〇年も前に終わっているのである。

ロシア民族主義・愛国主義

肯定的評価の源は、ロシア民族主義・愛国（国家）主義――ロシア主義にあるといえよう。国家形態は変わろうとも、ロシア（人）はロシア（人）に変わりはない。

ロシア人には、自国がヨーロッパの後進国であったことへの引け目があるといわれる。彼らが文字を得たのは遅く、ようやく一〇世紀になってからである。ロシア帝国時代、ツァーリ（皇帝）や貴族の憧れは西欧とくにフランスの文化だった。

政治制度も一九世紀まで農奴制を脱しえなかった。農民は土地に緊縛され、土地とともに売買されたから、それは、事実上の奴隷制――個人単位の米国型とは異なる――である（外川一九九二）。

地政学的には元来、ユーラシア大陸中央寄りの平原国で、歴史上、繰り返し侵略を受けた。ロシア人にとって、タタールの軛《くびき》（モンゴルの支配）の下に置かれた屈辱は忘れがたく、ナポレオン、ヒットラーに攻め込まれた記憶は新しい。この経験は彼らに強い被害者意識、他国への警戒感を与えている。

他方、ロシア人は自民族の歴史、文化・芸術、宗教（ロシア正教）に誇りをもっている。民族の歴史は長くはないが、ツァーリの王国とビザンツ帝国のつながり（モスクワ＝第三のローマ）、正教が守るキリスト教の旧習はその欠けを補うのに十分である。世界を魅了する作家や芸術家、独創的な学者も生んでいる。こうした誇りに彼らなりの正義感が加わり、引け目や被害者意識と相まって複雑な民族感情を形成している。

スターリンのロシア主義

スターリンは四五年九月二日、対日戦争勝利の記念演説で、「日露戦争の敗北で受けた屈辱を晴らした」と述べた。日露戦争を導いたツァーリは共産主義者の仇敵だが、スターリンにとってそれは問題ではなかった。かつてロシアが負けた国に勝ったという事実が重要だったのである。

スターリンはグルジア（ジョージア）人であるが、ロシア的価値観の下で成長した。その彼はイワン雷帝（一五三〇―一五八四）に魅せられていた（ペリー　二〇〇九）。イワン雷帝は、暴虐的支配でロシア史に名を刻んだツァーリである。

本来、マルクスの説く共産主義は国際主義に立脚し、民族主義を排斥する。「万国の労働者よ、団結せよ」はその象徴的スローガンである。しかしスターリン支配下のソ連共産主義は民族主義・愛国主義の上に立っていた。スターリンの言行からそれは明白である。

現代ロシア

愛国主義はスターリン時代からソ連崩壊を経て、現代ロシアに連綿と受け継がれている。このもとでトルクノフらは、日ソ中立条約の一方的破棄と参戦は、連合国の義務にしたがった正しい措置と言う（これは偽りで、実際にはそのような義務は存しない）。北朝鮮への侵攻は、あくまで朝鮮人民の解放のためで、決してテイクオーバーではない。

日本人にとって、敗戦間際のソ連の侵攻、略奪・暴行、そして領土奪取は「卑劣で、火事場泥棒のような」行為である。トルクノフらは、それは不当な比喩だと言下に否認するだろう。もちろん、現代ロシアにも様々な考え方がある。トルクノフらの論調がすべてではない。しかしモスクワ国際関係大学の学長や教授といった指導的研究者、元外交官の思考原理は紛れもなく主流である。外からみれば、それはいかにも独善的・一方的だが、彼らはそうは考えない。

プーチニズム

ゴルバチョフ政権末期からエリツィン政権の時代にかけて、ロシアは進むべき道を見失い、経済的のみならず、政治的、社会的に大混乱に陥った。そこに元KGB工作員、プーチンが登場した。

プーチンが目指し、国民に示したのは、西欧的なロシア——自由なロシア・豊かなロシア——ではない。ロシア的ロシア、とりわけ「強いロシア」である。国民の多くがこれに共感し、プーチンを絶対的な指導者、国家主義者、救世主、復興者、改革者とする「プーチニズム」の支持者となった（ヒル他　二〇一六）。こうしてプーチンは混乱の収束に成功した。

プーチンは旧ソ連に郷愁を抱き、今でもスターリンに傾倒している。ロシア国民は、そのプーチンによるクリミア奪取に賛同した。

ソビエト連邦政府がクリミアの管轄をロシア共和国からウクライナ共和国に移したのは、フルシチョフ時代（一九五四年）である。移管の理由については諸説分かれる。いずれが正しいにせよ、当時、フルシチョフら政権幹部はソ連の永続、その下でクリミアがソ連の一部であり続けることに何の疑念も抱かなかった。

だが、歴史は違う方向に動き、この措置は結果的に、ロシアにとって大きな失策となった。にもかかわらず、ロシア国民はそれを認めない。クリミアは「もともと」ロシアの領土であるうえ、今日も多くのロシア人が住んでいるのだから、奪還—失地回復—は正当と考える。ウクライナ侵攻も多数が支持している。西側からみれば侵略だが、ロシア人の思考ではウクライナはロシアの一部（勢力圏内）である（小泉　二〇一九）。

最近のプーチン支持減の主因は、戦場での敗退である。もしロシア軍が短時日で首都キーウを制圧し、親ロ政権の樹立に成功していたならば、プーチンは礼賛されたにちがいない。

危うさ・脅威

どの国にも民族主義・愛国主義は存在する。それが過激になると、理性喪失、知的暗黒、社会的多様性否定、人権無視、全体主義、領土拡張主義に陥る。これは歴史が教える教訓である。

トルクノフらの書物について、訳者は「ややロシア的アクセントを伴って［いる］」と穏やかに評しているが、これは訳者の配慮によるものだろう。同書のロシア的アクセントは、むしろ強烈である。ここには今日のロシア主義が鮮明に表れている。

実証面では、この書物には初歩的な誤りがある。著者は戦前日本の歴史を語る文脈で、いわゆる田中上奏文を引用する。これは、一九二七年に当時の首相、田中義一《ぎいち》が天皇に上奏したとされる秘密文書で、中国からロシア、ヨーロッパに向かう世界征服計画を内容とする。

この文書は偽書である。作成者は特定できないが、反日プロパガンダのために、ソ連あるいは中国の諜報機関が捏造したともいわれる。いずれにせよ、偽書説は現在、ロシアを含む世界の史学界が一致して認めている（訳者はその旨、注を付している）。

歴史の基本知識を欠くロシア主義者が大学で教え、外交官を含む次世代のエリートを育てる。隣国人として寒心に堪えないが、これがロシアの現実と受け止めるほかはない。

挿話⑥

外交官の素顔

二〇二二年一一月、駐日ロシア大使、M・ガルージンが離任、帰国した。外務次官に昇進したのである。ガルージンは、モスクワ国立大学付属アジア・アフリカ諸国大学で日本語を学んだのち、外務省に入省した。同大学はモスクワ国際関係大学と並んで、多くの外交官を輩出している。

ガルージンは大使在任中、NATOを厳しく批判するとともに、「ウクライナのネオナチにたいする特別軍事作戦」を全面擁護した。このようにガルージンは、ロシア政府——プーチン大統領に忠実な外交官である。

日本の報道機関によれば、ガルージンをトップとする日本駐在ロシア外交官は従来、他のどの国の外交官よりも多く駐車違反を犯した。のみならず、罰金を払わない。外交官には特権があり、法令に違反しても逮捕、差し押さえを免れる。罰金踏み倒しは外交特権の悪用そのものである。

離任のさい記者にこの点を質されると、ガルージンは、「駐車違反はロシア大使館だけではない」、「近年、厳しく［指導］しているので状況は改善している」と答え、反省の色も遺憾の言葉もまったくなかった。それどころか、記者がデータを示して「違反は増えている」と追及すると、「私と議論したいのか！」と怒り出した——俗にいえば逆ギレした——という。

ネット上には憤りのコメントが殺到し、数千件にも及んでいる。その中には、「ロシアがこのような国だと教えてくれる素晴らしい外交官だ」という皮肉たっぷりなものもみられる。

ロシアの外交官の不法行為は他の外国でも目立っている。日本の外交官は、これとは反対に、何よりもジェントルマンシップを大切にしていると聞く。それは大変立派で同胞として誇らしく思えるのか、いささか心配になる。
が、果たしてガルージン級の厚顔外交官と張り合

口述史料　平壌からの日本人引揚者の証言

以下は、元鐘ヶ淵工業平壌製鉄所勤務、田口裕通氏から筆者（木村）が聴取した証言の一部である（聴取日、二〇〇二年二月二五日）。ここでは、本書（とくに第五章）に関連する部分を中心に記す。証言のすべては、木村（二〇〇二）に公表した。

——経歴を教えていただけますか？

はい。下関で生まれたんですが、届けは平壌から出ていると思います。というのは親父が平壌におりまして、生まれるためにお袋が下関に帰って産んだんです。親父はもともと裁判所の書記をしておりまして、平壌の地方法院裁判所というんですね。それから、何年か、私が工業の、商工学校の二年、一年生だったかの夏に保護司になりまして、地方法院の保護司で、京城に転勤したんです。

——じゃお父様は、もともとは法律の専門家として勉強されて、平壌に何年に着任されたんですか？

そこらへんよく分らないんです。最初に渡ったのがだいぶ若い時のようです。お祖父さんが平壌の刑務所の刑務官か何かをやっていたようです。

——すると三代にわたって朝鮮に縁があると。お父さんは平壌でお生まれになったんですか？

いえ、日本で生まれたんですけど、家族ともども全部渡ったのは親父が小学校五年生とか四年生とかというのを聞いたことがありますけどね。で、中学は平壌に一中、二中、三中とあったんですけどね、その一中を卒業して、裁判所に勤めたようです。

——ずっと平壌におられてそのあと京城に転勤されて？

そのあと転勤しまして……京城には三年ぐらいいましてね、終戦の一年前ぐらいに辞めまして、鐘紡の庶務課に入ったんです。鐘紡の平壌製鉄所の庶務に入ったんです。

——何歳ごろですか？

四七、八ですかね。

——そうすると田口さんとほとんど同期で入られた？

一年ぐらい早く、一年か二年早かったと思いますね。私も鐘紡に入ったというのは、親父のあれで、学校卒業とちょうど同時に徴用令がかかったんです。徴用令がかかったものだから、大変だろうからというので、たしか工場長をされていた藤原じゅうぞうさんという方のお話で鐘紡に入れていただいたんです。

――田口さんは平壌で育って？　平壌ではどういう学校に？

はい、小学校は山手小学校、一中の前にありまして、南山町のすぐ横ですね。それから鎮南浦公立商工学校の機械科に行ったんです。

――鎮南浦ですか？

はい、そこを卒業して鐘紡に行きました。

――そうですね、何万坪という規模ですね。

大きいんですよ。当時の国鉄のね、大同江という駅から力浦という駅のちょっと手前までが敷地だということを聞いたことがありますよ。

――そうですか。［資料には］八〇万坪と書いてありますね。従業員の方は何人ぐらいおられました？

全然分かりません。覚えてないですね。聞いたことあるんですけどね。というのは、海軍の方がおられまして、軍需工場ですから、監察官みたいな方がおられまして、その人の話のときに、聞いたことあるんですけど、ちょっと覚えてないですね。

――大体、何人ぐらい出入りしているとか、あまりにも広いから分からない？

分からない、三交替やっているもんですから。私たちは昼間だけですよね、八時から六時までですか、現場は丸っきり分からない。それと、工員、だいぶおりましたよ、工員食堂でも二回に分けて食べていたようですから、お昼。

——現場の作業員の方はみんな朝鮮の人ですか？

いいや、そうじゃない、日本からも来てましたね。日本人の方もおられましたよ。

——それは技術者で。

そうですね。

——上のほうの人？

ええ。

——実際の作業はもちろん地元の人ですよね？

地元の人というよりか徴用工もおった気がしますけどね。

——朝鮮人の徴用工。

ええ。その中にやっぱり、何ていうんですか、技術者みたいな、学校出た人が長で現場仕切るっていうんですか、そういう人もおりましたね。何か、日本語、非常に上手にしゃべる人もいるし、我々の学歴より上の方がおりましたよ。

――軍人は……

海軍の方が二人か三人、しょっちゅう出入りしてました。

――四月から八月ですね、終戦前後、一五日のあとですね、その辺の状況は？

一五日以降、出銑はありました。炉を止めたのはね、いつごろ止めたんでしたかね、八月一杯までは炉は動いてたんじゃないかと思いますけどね。ひょっとしたらまだずっと動いてたかもわかりません。

――そして、どういうことが起こったんですか？

そのあと、接収をされました。接収のときはもう、出社に及ばずで、私たちはもう入れなかった。

――何日ごろですか？

九月の初め、四日か六日だったと思うんですけどね。ロシアの進駐がある前だったか、後だったか、そのところははっきりは覚えてません。あの近辺だと思います。

――じゃ、ロシアが来るか来ないかのときに、朝鮮のひとが……

そうそう、武装解除があってすぐだったと思うんですよ。

――武装解除は八月の……

二〇日すぎじゃないですかね、だと思いますけどね。ちょっと覚えてません、そこら辺は。

——武装解除で、そして、どういう、具体的に……

何とか委員という人たちが来て、接収をされたんですけど、そこら辺のところはくわしく分かりません、我々には。

——そして、出社に及ばずということで、もう一切……

工場に入れない、はい。もう中には入れてもらえませんでしたから。

——それは、ほかの日本人もみな、そうでした？

大体そうじゃないですか。要するに、工場の幹部の方は引き継ぎとか、あるいは書類だとか、在庫はどうだとか、いうようなことで呼びつけられて、やったような話を聞きました。そのあとですかね、現金がどうのこうのっていうことで警備部長と工場長ですか、事務長だったか、連れて行かれて刑務所に入れられたという話は聞いたことあります。藤原じゅうぞうという人が工場長だったんですが、一年ぐらいは刑務所に入れられたんじゃないですか？

それから、経理部長だったか、遠藤さんっていう方と思うんですけど、その方も引っぱられたっていう話を聞いてます。

——そうですか、そうすると、九月四、五日に、出社に及ばずという命令が出て、そのあとはどうなって、ご自身はどうされたんですか？

私はね、家の接収がありまして、そして、収容所に入れられました。それからすぐなんですけれども、技術者ということで、平壌寺洞炭鉱［平壌の無煙炭田のひとつ］の電気、ポンプですね、坑内ポンプの係として、連れて行かれて、そこで一年仕事しました。

――そうですか。収容所に入ったのは何日ですか？

九月の半ばごろじゃなかったかと思います。

――それ、どこのですか？

朝鮮赤衛隊っていう赤の腕章したのが来ましてね。

――家に？

はい、全部接収されました。

――どこの収容所？

寺洞炭鉱の中に……

――そこにたくさんの日本人が？

そうですね、四〇所帯か五〇所帯ぐらい。

――まとめて？

まとめて。

――でも、収容所っていっても、もともとは収容所じゃないですよね。新たに造ったんですか?

バラックです。

――新たに造ったんですか?

バラックがあったんです。

――朝鮮人の坑夫の……

そうです。トンネルっていうんですか、地下壕を掘ってた、バラックがあったんです。そこに全部、入れられたんです。

――それは、要するに、炭坑の地下壕の……

いえ、そうじゃなくて、軍が使っとったやつです。

――その地下は何のために?

要するに、何のためだったんですかね、あそこに秋吉師団っていう師団がありましたから、それの軍関係の掩体壕《えんたいごう》(装備や人員を敵攻撃から守るための穴)とか何かを掘ってたんだと思うんですけどね。

——そのバラックがあって……

そこに朝鮮人を連れて来て、飯場に寝泊まりさせて掘ってたというバラックなんです。

——そこに連れて行かれて……

ええ、そこに全部収容されましたね、一時。

——それ、四〇所帯ぐらいですか……

四〇所帯ぐらいですね。

——そして、そこに一年？

いえ、それからですね、寺洞炭鉱のポンプ係として連れて行かれて、社宅を貰いました。炭鉱の中では。

——炭鉱は近くですよね。

近くです。

——歩いて行ける範囲？

歩いて行けます。

——社宅、貰った……

はい、社宅っていうか、長屋ですけどね。一間の長屋で。

――それは、いつですか、大体？

一〇月ごろじゃなかったか……

――一〇月？

はい。最初はね、あの、技術屋っていうことを言わずに、全部来て手伝えっていう言い方で、一日一円五〇銭ですか、日給が一円五〇銭でということで、いやだとも言えんしということで行ったんです。

――それは四〇所帯のうち何人かっていうのは、全員じゃなくて……

ほとんど、全員っていったって一所帯一人か二人、要するに、何人っていう人数を言って来るわけですよ。

――何人出せと。割当てで。

はい、割当てで。最初行ったときは、それで、じゃ俺が行こうかっていうんで、私が出て行って、石炭下ろししました、最初は。貨車で積んで来るやつを下ろして、煉炭工場に運ぶわけですね。あの近辺はね、寺洞炭鉱、それから、川へだったか、何ていうところだったかにも炭鉱の坑内があって、あちこちからやっぱり、近くではいろいろ坑道があったんです、だいぶ離れてますんでね、貨車で運んでました。

――そしてそれを下ろして……

煉炭工場に入れる作業ですね。荷下ろし作業というんですか。昔は朝鮮人がやっていた仕事を日本人に全部切り替えたっていう……

――そのとき、煉炭工場はどんな具合でした？　ちゃんと動いていた？

稼動してました。ていうのは日本人の技術者がそのまま残ってますから。煉炭工場で働いてた人は軍属なんですね、ところが軍属は全部ソビエトに連れて行かれたんですけれども、たまたまそこに残っている技術屋さんは残していたんです。

――何人ぐらいですか？

二〇人ぐらいおりましたね、日本人の方。

――それと、田口さんみたいに連れて来られてきた作業する人、全部で日本人は何人ぐらいいたんですか？

あのころね、日本人は一〇〇人ぐらいいいたんじゃないですか、全部で。二交替制でしたからね。貨車積み、貨車下ろし、途中で、あの、トロッコを押して回ったりとかっていう、要するに、下の働く仕事ですか、そういうのを日本人にやらせてましたね。それから、病院では看護婦さんは日本人の方、だいぶおりましたね。

——作業員の人はかなりたくさん入って……

そうですね。もう、坑道の近くに社宅みたいなのがあって、そこから通ってるっていうやり方……

——それは朝鮮人ですか？

朝鮮の方が多い、全部、朝鮮。

——じゃ、日本人は採炭の作業をやる人は……

いなかったと思いますけどね、お風呂でよく一緒になるんですけれど、ほとんど見なかったですね。結構、親切だったですよ、全部。

——そうですか、待遇はまあまあ、給料もらって……

給料は一円五〇銭で、まあまあだったですけれども、なんかかんかあると、皆がかばってくれるし、それから、きつい仕事のときは、「おまえがやれ」って言うんじゃなくて、全部でやってくれる……

——生活は、ご家族は、そのときは……

私が坑内に入るまえ、炭鉱に出始めましたね、そのときは、家族全部がひとつの部屋に、長屋の中で生活してもオーケーってことで……

――じゃ、給料もらって、それで何か買い物して、生活してた？

そうですね。ほとんど生活できるほどの金額じゃないんですけどね。

――そのときは、ご家族何人？

両親とお祖母さんがいて、それから、兄弟が六人おりましたから。

――まだご結婚は……

いえ、まだ一八でしたから。

――じゃ皆さん、なんかかんか働いて……

働くっていうのは、弟はね、ロシアのところで薪を割ったり、親父はやっぱり、そういうことで、掃除したり、犬の散歩に連れて行ったり、ロシアの将校の家ですね。そういうことやってました。

――日銭稼いで何とか……

そればっかりじゃないから、やっぱり、売り食い……

――市場で、野菜買ったりとかして……

そうです。

――配給なんかはどうでした？

ありました。一応、日本人にも炭鉱で働く以上はあったんです。けれども雑穀が多かったですね。

――一日、どのくらいですか？

どのくらいですかね、ちょっと量は分かりません。それとね、終戦になってからすぐに、うちの近くのお百姓さん、朝鮮のお百姓さんがいたんですがね、いろいろ付き合いもあったもんですから、終戦当時、うち、僕たちが持っていた土地をお使いなさいと、全部あげちゃって、その方からときどき、裏からね、暗くなってから……

――何か野菜とか……

そーっと持って来てくれるんです、見つかると大変だったらしいですから。

――また炭鉱の話ですが、全部で何人働いていたとか……朝鮮人、何百人とかそういう単位ですか？

そうだと思いますけどね。

――相当多いと。

多いと思います。

――炭坑も三交替？

三交替。保安課は昼だけなんです。

――じゃ、夜中も採掘してたと……

そうそう。三交替で。あのころは八時間労働じゃなかったんじゃないかな。ひょっとしたら二交替だったかもわかりません。でも二四時間、動いてました。

――二四時間……　そうすると、一生懸命作業して石炭を掘るということをやってたと……

間違いないです、それは。

――事故はほとんどなくて……

事故はいっぺんも聞きませんでしたね。

――排水とかはどうでしたかね？

排水はポンプでしょっちゅう、バーッと汲んでるわけですね。そのポンプが調子悪いと新しいのと換えるか、修理して換えるかということ、それを……

――うまくできてたわけ……

できてましたね。まだ、あの当時、一年ぐらいですから、部品じゃなくて材料としては、いいものが残ってました。

――それはどんなところにあったんですか？　炭鉱の……

要するに海軍工廠の時代のやつがそのまま残ってますから。

――在庫があったんですね？

在庫はたくさん持ってましたね。

――それを使って修理するとかなんとか……

あとで聞いた話ですけど、いいものはロシアが持って行ったという話をしてました。だから、本当かどうか知りませんけど、よく言ってましたね。

――ロシアの兵隊なんかは炭鉱周辺にはいなかったんですか？

おりませんでした。赤衛隊っていうのがおりました、朝鮮の軍隊が。はい。

――朝鮮人の赤衛隊が警察、保安係として……

そうそう、おりましたね。

――でも、ソ連兵はほとんどいない……

ソ連兵は炭鉱の中では見ませんでした。だけど最初に収容された収容所の近く、それから収容される前にはうろうろしてました。

――煉炭工場にもいなかったんですか？

おりませんでした。

――そうですか。意外と平穏ですね。

思ったより、炭鉱はよかったですね。ただ赤衛隊が非常にうるさかったです。

――うるさいっていうと……

何かあるとすぐ駐屯所ですか、そこに引っ張りこんで、拷問みたいに座らしていろいろ尋問したりなんだりして、いやがらせをやってたようですね。働いている者にはそんなことなかったですね。やられたって話はときどき聞きました。

――それが四六年の一月からいつまでそういう生活……一〇月までずっとですか？

そうですね。引揚げて来たのが次の年の八月の一〇日だったですかね。それも二日か三日前に急に言ってきたんです。

――誰がですか？

日本に帰してやるから準備しろと。赤衛隊から。いつとは言わないんです。そして、出発の前の日に、明日の朝五時にどこどこに集合、ちょうど社宅みたいなところのちょっと先に駐屯所みたいなのがあるんです。その前に集合をさせて人員全部チェックして、そして、ガイドつけて、「行け」と。それで終わりです。

――何人ぐらいですか？

六二、三人いたと思います。

——それでどういうルートを……

遂安というところから鉄原に抜けて……

——鉄道？

いえいえ。

——歩き？

はい。じっさいはね、遂安でトラックが待ってるんです。ていうのは、お金をなんぼ出しなさいと、そしたら乗せて行ってってあげますよと。お金のない人は歩いて行きなさいとそれで、鉄原の手前まではトラックで連れて行ってくれます。

——それはちゃんと手配があって、赤衛隊から連絡があって、トラックが……

待ってる。それで日本人の金を全部集めようっていうことですね。

——それで遂安までは……

歩きました。二日かかりました。女、子ども連れですからね。

——六二、三人というのは女、子ども全部含めて……

全部含めて。途中から、捕虜収容所から抜け出した若い人が加わりました。いつのまにか。

どこからどう入って来たか知らない、あっという間に。遂安の手前ぐらいですかね。五、六人のひとが。もう普通の洋服着てるから分かりませんけど、動作も軍人であるということは間違いなかったですね。日本人の兵隊が収容所を脱走して、家族の中に紛れ込んで、そして、引き揚げて来たんですけどね。

——遂安でトラックに乗って、鉄原まで……

鉄原の手前まで。それから、三八度線を越えたんです。越えたのが八月一五日です。

——ちょうど一年……

というのは、案内してくれた人が、一五日だったら、要するに、終戦で我々は勝利をした日だっていうことで、どんちゃん騒ぎをやってるはずだから、夜の間に脱け出せと……

——それは朝鮮人の……

これを商売にしている人がいるんですよ。

——そこでもお金払って……

そうですね。義州だったか、議政府か、京城の手前にありますね、議政府っていう、あそこに入ったんです、川を渡って。そしたらもう、米軍のトラックが待ってました。

——それも手配の……

何か、できてたようですね。そこから、議政府に運んだようです。

――米軍はタダで乗せてくれたんですか？

米軍の議政府の収容所がありますね。そこに引揚者が入れられて……一週間おりましたかね。それから貨車に乗せられて釜山まで行って、それで博多に上陸したんです。

――非常に運が……

運がよかった、はい。

――運がいいですね、ほかの苦労話はずいぶん伺って、大変だったと……非常に平穏で、すべて……

平穏なようですけど、実際にはだいぶ苦しかったですね。その前に二回ほど、ブタ箱に放り込まれました。

――ブタ箱はいつですか？

炭鉱に行っているときに、脱走、しらべに行ったんですよ、若い連中と。私、もともと学生時代、山岳部におりましたもんですから、山歩きは慣れてるし、じゃ夜、コース探って来るって、遂安の手前でね、見つかったんです。それで連れて行かれたんです。

――それでブタ箱に何日間か……

二日泊まりました。そしたら出してくれた。というのは寺洞炭鉱で働いておると言ったもんですから、遊びに行って道に迷ったって言ったら、しようがない奴らだなって帰してくれたんです。

——引揚げのときはご家族一緒に、トラックで、お祖母さんも乗せて……

はい。

——でも赤衛隊がずいぶん、引揚げのときにちゃんとやってくれたというのが……

というのは結局、何ていうんですか、協力したということがあったんじゃないでしょうかね……日本の、あの、病院におった看護婦さんたち、半年で帰ったという話、聞きましたけどね、半分ぐらい。実際にはどうだったかは分かりません。

——日本人いなくてももう大丈夫だと、ポンプとか何とか、そういう見通しで、もう、帰そうという……

そうだったのかもわかりませんけど、かなりね、技術者おりましたよ、朝鮮でも。ずっと海軍工廠に勤めてた朝鮮人もおりますからね。そういう人たちが全部、トップクラスのほうになってますし。

——八月一〇日ごろに引揚げたときに、寺洞炭鉱の日本人はすべて……

いや、すべてじゃない。私たちがね、二回目か三回目です。分けて、少しずつ帰していくというやり方ですね。

――第二陣ぐらいということですね。その後に帰られた方についてのお話は……

全然、ありません。聞いてないです。私が帰って来たのはね、鐘紡で一番早かったような話だったです。

――その後も鐘紡にお勤めに？

ええ、そのまま復職しましたから。

――じゃ、いろいろ、引揚げてきた他の方のお話は聞きましたか？

製鉄所の社宅におられた方は、接収されてから、一か所の社宅の一部に全部集められたらしいです。そこから引揚げたようですよ。

というのは、寺洞炭鉱に出始めてから訪ねて行こうと思って、区域を別にして出て行くと、ちょっとうるさかったんです。何しに行くのかとか、とくに私のところは、紋繡町《もんしゅう》というところだったんですけどね、師範学校のすぐ近くで、製鉄所があったのは船橋里《せんきょうり》という、で、区域が違うんですよ。

そのために、見慣れん日本人がうろうろすると、日本人同士の交流は非常に警戒したようです。炭鉱の中におってもですね、我々がおったバラックの長屋とですね、それから三〇〇メーターぐらい先にあるんですよ、その長屋と接触することを避けてましたね。

――だから工業学校出だけで技術者とみるわけですね。基本的には大事にされた……

されたということですね。

――じゃ、煉炭工場に残った人たちのその後については……

全然分かりません。というのは、我々みたいに接収されて別のとこからひょこっと来て、そして、煉炭工場で働けと、で、下働きみたいなのをさせられたグループと、それから、こっちの別の寺洞の町の中から接収されて、要するに、海軍工廠関係の方じゃないかと思うんですけどね、その人たちが連れて来られたグループとか、いろいろあるわけなんですよ。その接触は、番が違うから、会わないと。

――いろいろなんですよね、例えば商売やってた人とか、平壌の市内でですね、そういうような人たちが押し込められて、収容所とか苦労して、日本人会みたいな世話会みたいなものできて……

それは聞いたことありますよ、日本人会っていうのは。

――そういうのとの接触はなしですか?

あったようですけど、夜、出られないもんですから、夜間外出禁止ですね。だから昼間だけとなると、日曜日だけ休みなんですよね。で、それに、長屋の長みたいな人がいて、世話役みたいな人が、その方が話を聞いて帰って来るっていうぐらいのことで、市内におられる方のように綿密なあれ［連絡網］がなかったですね。

――寺洞炭鉱から平壌の中心までは結構あるんですか？

電車でね、一時間かかります。

――じゃあ、滅多に平壌の街には……

行くということはなかったです。

――日曜日は休みだったんですね。日曜日は……

家におるか、寺洞の街に買物に行くか……それか、購買部がありますからね、炭鉱の中に。ていうのは海軍工廠の購買がそのまま残ってますから、そこに買物に行くぐらい。

――購買部はどんな感じですか？

そうですね、割に大らかだったように思いますよ。日本人も朝鮮人も一緒になって、で、購買部で買えるっていうのは、炭鉱で働いているか、煉炭工場で働いている人だけですから。街の人は入って来れないっていうことで。だから、同僚だっていう感覚じゃないんですかね。

――どのくらいの広さですか？

広さはね、そんなに大きくはなかったですね。スーパーマーケット……

――小さなスーパーマーケット……

そうですね、その程度。

――そこにお米とかいろいろな物があった……

ありましたね。お米はまた別です。

――お米以外の野菜とか、罐詰とか卵とか……

そんなもんでしょうね。肉類、魚類はありましたね。お酒は全然おいてなかったです。

――結構、高かった？　物価が上がったんですね。

高かったですね。

――どんどん上がって……

上がっていきました。

――大変だったですね。

大変だったです。一番、最初のときはね、お米一升が朝鮮紙幣で一〇円ぐらいですか、七円とか六円というときもありましたけど、一〇円ぐらいでした。それが、軍票が出始めてから、あっという間に二〇円、五〇円、百円というような……

――帰るときはいくらぐらい？

帰るときは……そんなもんかな、もっと、百二、三十円したのかもわかりません。

――賃金のほうは？

一日一円五〇銭で、そのままで。

――全然、足らないですね。

足りません。だから売りつなぐか、弟や親父たちがロシアのあそこに仕事に出て行って貰って来るか……

――そっちのほうがもう少し貰えたんですか？

仕事の量によって違うんですよね。その日によって。だから一円五〇銭よりはよかったようです。ロシアのほうは。その代わり、軍票なもんですから。

――軍票も同じように使えるわけですね？

使えるんです。購買部では軍票も使えるし、伝票も使えるわけですよ、一円五〇銭の伝票がね。現金も使えますし。

――街の寺洞の店やでも大丈夫だったんですか？

軍票は大丈夫です。それから売り食い、それから、終戦と同時に貯金を全部下ろしてますから。日本円に換えたり、すぐ引揚げるというあれ［期待］があったもんですから、貯金としては残してなかったはずです。

――じゃ、その現金を使って何とか……

そうですね。だから悲惨な人もあったようですよ。

――お金がなくなってどうなるか、というその辺のときに引揚げになった……

そうです。もうギリギリで。だから日本円にしてもそう大して持って帰ってないですよね。

――でも多少は持って帰った……

少しは持ってました。それでも日本に帰ったら、二百円だったですか、現金に換えられたのは、あとは換えられませんからね。

――平壌の様子はほとんど……

そうですね、とくに、電車で終点まで乗って、あれは何通りっていうのかな、メインストリートがあるんですね、大同江、発ってすぐに、ミカドって言ってたようですけど、そこら辺まではは行ってもいいんですよ、ぐるぐるできるんですよ、要するにメインストリートですね。ところがそれから先の平壌にあった平壌神宮、牡丹台の近辺は立入り禁止だったです、日本人は。

——立入りできるほうが少なかったんですか？

少なかったですね。それと危ないという説もあったもんだから寄りつかなかったっていうのが本当じゃないですか。

——電車はちゃんと動いていたんですか？

動いてました。本数は少なかったですけどね。

——それは朝鮮人が運転して……

昔から日本人の運転手はいなかったですから。

——ほかの工場について、朝鮮製鉄とか、大安に朝鮮製鉄があったとか、三菱製鋼の製鉄所が……

兼二浦にありましたよね。

——平壌に兵器の製造所があったんですが。

ありました、兵器廠がありましたから。学生時代に勤労奉仕で行きました。二年生のときですから、昭和一七年。

——戦争が始まってちょっとしてから。

そうですね、一七年。

――勤労動員で。

勤労動員というより、機械科だったもんですから、旋盤を貰いに行ったことがあります。そのときに勤労奉仕みたいにして、三日か四日で持って帰りました。……二〇台ぐらい並んでいる部屋だったですね。型も古いやつで、新しいのと入れ替えるときだと思うんですけど、よく分りません。四台ぐらい実習工場に持って帰りました。

――そこで何を造っていたとか、そんなのは……

全然分かりません。製品なんて全然置いてなかったですから。空っぽになってました。旋盤だけは置いてありました。で、話聞いたところでは、擲弾筒の弾がころがってたという話もあったし、よく分らないんですよ。弾筒こしらえていたという説もあるし。平壌には兵器廠とそれから、航空廠もありましたよ。航空廠は飛行機の整備だけですか……何かやってて。叔父が行ってましたからね。勤めてました、事務屋さんですけど。先輩もだいぶ行ってましたよ。同期のやつも行きましたからね。全部、ロシア、シベリアに送られました。だから生きて帰ったかどうか、分りません。同期で四人行きましたか……。

――お話を聞いていると平壌は比較的……

北のほうに比べるとよかったのかもわかりません。

――みんな決死の三八度線越えという……

それは確かにありましたよ。機銃掃射、何べんもやってましたね。夜、探照灯、照らしてバリバリバリバリってやるときがあるんですよ。一番怖かったのは、子どもが泣くことですね。途中で子どもさんだいぶ亡くなりましたよ。赤ちゃんが二人、三歳ぐらいの子が一人……病気、それから、声を立てないんで、お母さんが口塞いで窒息したり……気の毒だったです、見ておれんかったです。

――お母さんは殺すつもりではなくて……

抱きしめて。その場で埋めようっていうんだけども、お母さん、放さなかったですからね。それがいっぺん、ありましたね。昼間歩かずに、夜歩くことをやりましたからね。昼間歩くと襲撃される恐れがあるんですよ。遂安に行くまで。それからトラックも二回乗り換えますからね。ここからここまで歩けとかね。山越えしろとかもありましたけど。

――最後に越えるときにガイドはちゃんとやってくれたわけですか?

本人は行かないんです。ここからここに向かってまっすぐ歩け、と。それで探照灯が来るから、そのときは伏せとけとか、動くなっていうことを教えるだけで、本人は行きません。

――田口さんご自身はソ連兵に何かされたとかそういうことはなかったんですか?

いっぺんもありません。ただ、うちの親父がソ連の官舎みたいなところで仕事をしていたということと、弟もそれで行ってたっていうんで、認可証っていうんか、腕章を貰ってました。ソ連兵が入って来ると、それを見せるんですよ。こうやってお前のところで仕事しているよっていうんで、そうすると入って来てもそのまま帰ってしまったですね。家にいたとき、最初、自宅にいたころですね。

――朝鮮の人とはどんな話をしてましたか？

世間話が多かったですね。今、お前のところどうしているかとか、困ることないかとかね。こういうもの持ってないかとか。

――遠くから働きに来ていた朝鮮人の人はいましたか？

おりましたよ。

――元から燃料廠で働いて人以外に……

以外に。どこらへんから来ていたかは分かりませんけど、男子寮みたいなのがありましたから。

――独身寮で。

そうですね。

――独身寮は昔からあったんですか？

あったと思います。

――新入りとして来てた人もいたと。

そうですね。だから日本語も全然できない人もおりましたよ。若い人で。三七、八でいなかから出て来て……日本語はとにかく、あいさつとちょこっとしかできない……日本語が分からないというのを口実にしたのかもわかりませんけど、日本語は絶対しゃべらない人おりましたね。

――全体で何人いたかということは分かりませんね？

それは分からないです。煉炭工場で四、五〇人、入る休憩所がひとつと、それから、鉱内では小さな部屋が二つ三つあるぐらいですか……

――千人か二千人、働いていたんですね、終戦前に。

でしょうね。

――燃料廠にかんしては戦後どうなったか、全然分からなかったんですね。大体、幹部はソ連に抑留されましたので……

抑留されてしまってますね。なかでもね、技術屋さんでも残った人はいるんですよ。そんなこと聞いたことありますよ。あの人はどうしても残さないとここが動かないと……
――それは田口さんが帰られたあとも残った……
じゃないですかね、会ったことないですけど。偉い人のようだったですから。

引用文献

石井正紀『陸軍燃料廠――太平洋戦争を支えた石油技術者たちの戦い』光人社、二〇一三年
稲垣武『「悪魔祓い」の戦後史――進歩的文化人の言論と責任』文藝春秋、一九九四年
大蔵省財政史室編『昭和財政史――終戦から講和まで』第五巻、東洋経済新報社、一九八二年
岡部伸『消えたヤルタ密約緊急電――情報士官・小野寺信の孤独な戦い』新潮選書、二〇一二年
鎌田正二『北鮮の日本人苦難記――日窒興南工場の最後』時事通信社、一九八〇年
氣賀健三『歴史に漂うロシア』勁草書房、一九九五年
木村光彦『北朝鮮の経済――起源・形成・崩壊』創文社、一九九九年
同編訳『旧ソ連の北朝鮮経済資料集　一九四六―一九六五年』知泉書館、二〇一一年
同『北朝鮮経済史　一九一〇―一九六〇年』同、二〇一六年
同『日本統治下の朝鮮――データと実証研究は何を語るか』中公新書、二〇一八年
同「オーラルヒストリー――終戦前後の平壌在住者、元鐘ヶ淵工業平壌製鉄所勤務　田口裕通氏」『青山国際政経論集』第一〇七号、二〇二二年
同『歴史の呪縛を解く――日本、コリア、そしてチャイナの近現代』論創社、二〇二二年
同・安部桂司『北朝鮮の軍事工業化――帝国の戦争から金日成の戦争へ』知泉書館、二〇〇三年
同・同『戦後日朝関係の研究――対日工作と物資調達』同、二〇〇八年
金学俊（李英翻案・訳）『知られざる北朝鮮史　上　戦禍からの国家誕生』幻冬社文庫、二〇〇五年
金聖甫「北韓の土地改革（一九四六年）と農村階層構成変化――決定過程と地域事例」『東方学志』第八七号、一九九五年（韓国語）

小泉悠『「帝国」ロシアの地政学――「勢力圏」で読むユーラシア戦略』東京堂、二〇一九年
コンクエスト、R.（白石治朗訳）『悲しみの収穫　ウクライナ大飢饉――スターリンの農業集団化と飢饉テロ』恵雅堂出版、二〇〇七年
佐藤慎一郎『大観園の解剖――漢民族社会実態調査』原書房、二〇〇二年
澤正彦『南北朝鮮キリスト教史論』日本基督教団出版局、一九八二年
外川継男『ロシアとソ連邦』講談社学術文庫、一九九一年
ソン・チョンフ『わが国土地改革史』科学・百科事典出版社、ピョンヤン、一九九五年（朝鮮語）
鄭在貞・木村光彦編『一九四五―五〇年　北朝鮮経済資料集成』第八巻、村落篇Ⅱ、東亜経済研究所（ソウル）、二〇〇一年
田鉉秀「一九四七年北韓の貨幣改革」『歴史と現実』第一九号、一九九六年（韓国語）
トルクノフ、A.V.・デニソフ、V.I.・リ、V.F.（下斗米伸夫監訳）『現代朝鮮の興亡――ロシアから見た朝鮮半島現代史』明石書店、二〇一三年
西村敏雄『ソ連と共産革命の実態』日本再建協会、一九五四年
丹羽春喜『ソ連軍拡経済の研究――国防の政治経済学』産業能率大学出版部、一九八二年
野々村一雄『ソヴェトの経済力』岩波新書、一九六四年（初版、六一年）
萩原遼『朝鮮戦争――金日成とマッカーサーの陰謀』文藝春秋、一九九三年
秦彦三郎『隣邦ロシア』斗南書院、一九三七年
早坂隆『指揮官の決断――満州とアッツの将軍　樋口季一郎』文春新書、二〇一〇年
引揚体験集編集委員会編『死の三十八度線　生きて祖国へ⑤　朝鮮篇』国書刊行会、一九八一年
樋口欣一編『ウラルを越えて――若き抑留者の見たソ連』乾元社、一九四九年

ヒル、F・ガディ、C・G・（濱野大道・千葉敏生訳）『プーチンの世界――「皇帝」になった工作員』新潮社、二〇一六年
米国務省（外務省?訳）『北朝鮮　接収方法についての事例的研究』タイプ印刷、奥付なし
ペリー、M・（栗生沢猛夫訳）『スターリンとイヴァン雷帝――スターリン時代のロシアにおけるイヴァン雷帝崇拝』成文社、二〇〇九年
朴甲東『金日成との闘争記』成甲書房、一九九一年
堀栄三『大本営参謀の情報戦記――情報なき国家の悲劇』文春文庫、一九九六年
前野茂『ソ連獄窓十一年』全四巻、講談社学術文庫、一九七九年
マグヌス、K・（津守滋訳）『ロケット開発収容所――ドイツ人科学者のソ連抑留記録』サイマル出版会、一九九六年
マルクス・エンゲルス・レーニン研究所編（スターリン全集刊行会訳）『スターリン全集』第一三巻、大月書店、一九五三年
森田芳夫『朝鮮終戦の記録――米ソ両軍の進駐と日本人の引揚』巌南堂書店、一九六四年
同・長田かな子編『朝鮮終戦の記録　資料篇』第一巻、同、一九七九年
若槻泰雄『戦後引揚げの記録』新版、時事通信社、一九九五年
Vanin, Ju. V. ed. SSSR *i Koreja*, Nauka, Moscow, 1988（ロシア語）

あとがき

動物はふつう仲間殺しをしない。サル山のボス争いは、尻尾を巻いて逃げたら決着する。追いかけて殺すことはない。

人間はそうではない。人類史は仲間殺しの歴史といってもよい。サルから進化し理性と良心を獲得したはずの人間が、なぜ果てしなく殺し合うのか。進化が足らないのか、あるいは歪んだのか？

学者は合理的な説明を試みる。これにたいして聖書が説くのは、人間の原罪である。最初の人間、アダムとイブが悪魔に唆《そそのか》されて神——創造主に背いた。禁断の実を、初めに女のイブが取って食べ、次に男のアダムに手渡し、食べさせた。この出来事は男女の性質を見事に示しているが、いずれにせよ、これが人間の罪の根源——原罪であり、堕落である。

続いて起こった事件は何か。殺人である。アダムとイブの長男カインが弟アベルを危《あや》める兄弟殺しだった。動機は書かれていないが、多くの解説者は嫉妬とする。

人間は罪と悪に支配され、物欲、権力欲、名誉欲の虜《とりこ》となった。独裁者はその権化である。もし義にして全能なる神が存在するなら、神はなぜこのような罪と悪を放置するのか。無辜《むこ》の民が殺戮され続けるのを許すのか。これは古来、絶えず発せられてきた問いである。

二〇世紀キリスト教（プロテスタント）の偉大な説教者、ロイドジョンズは、それは、罪のありのままの姿が露《あら》わにされるためであると述べる。人間はその姿を見て、自分たちがいかに罪深い存在であるかを悟らされる。

同時に、人間は試練に遭うと、神に頼らざるを得なくなる。へり下って神に助けを求める。神は、悪の勢力が頂点に達するといよいよ立ち上がり、またたくまに滅ぼす。最終的には、神の力と栄光が誰の目にも明らかとなる。

＊　＊　＊

退職後、エブリデーサンデーの身分を与えられたので、聖書および関連書を読む時間が大幅に増えた。ウェブ上で様々な説教者による聖書講解に触れられるのも有難い。私は若いころ図らずも、ある出来事を通して創造主の摂理と力を知らされた。それにより、無神論――人類の誕生をはじめ一切を偶然に帰す「偶然教」――や絶対無に真理を求める仏教思想を放棄、回心《コンバート》してキリスト信者に転向した。以来、聖書を神の言葉として、生きる指針・支えとしている。

最近は、預言書、なかでもエゼキエル書、ダニエル書、ヨハネの黙示録に関心が向く。聖書の見地から、他国を侵略し蛮行を繰り返すロシア、この世の地獄あるいは悪魔が支配する国ともいわれる北朝鮮、新型（人工？）ウイルス拡散によって世界的惨禍――犠牲者は大躍進や文革をはるかに上回る――を引き起こした中国（中共）をどう捉えるべきか。つらつら考えているうちに、冒頭に「あとがき」らしからぬ文章を綴ってしまった。興味のない読者は無視していただきたい。

本書の刊行に当り、いつものことだが、多くの方から助けを得た。猪木武徳大阪大学名誉教授、後藤富士男京都産業大学教授は、ご多忙な中、草稿に目を通し、率直な感想を寄せてくださった。前著同様、松永裕衣子編集部長（論創社）、加藤靖司氏には編集、組版の労をおかけした。

大学の早川ゼミ同級生、水野（遠藤）憲滋、関《せき》守《まもる》の両君は、私の頭と気分をほぐす良き雑談相手になってくれた。学生時代、ともに汗と涙を流した運動部仲間、吉田真木《まき》君の熱烈な激励は、本書をまとめる大きな力となった。

佐竹純一先生（北千住旭クリニック）は、たゆまぬ治療と祈りで私の健康を支えてくださった。

ＪＴＪ（Ｊｅｓｕｓ ｔｏ Ｊａｐａｎ）宣教神学校では、福音宣教の情熱衰えぬ八〇歳、九〇歳の講師、リタイア後に伝道者を目指して学ぶ同信の徒から、「『外なる人』は壊《やぶ》れども、『内なる人』は日々新たなる」姿を示された。配偶者からも、人生のゴールを見据えて、力強く（図太く）生きるエネルギーを分けてもらった。

おひとりびとりに深甚の感謝を捧げる。

なお、カバー装幀は前著に続き、松永編集部長が奥定泰之氏に依頼してくださった。今回も、貧弱な内容を隠す魅力的なものになることを楽しみにしている。

魔の中共ウィルスによる病いを癒された慈しみの神に感謝しつつ

著者

「愚かなるものは心の内に創造の神《エロヒーム》なしといへり　かれらは腐れたり　かれらは憎むべき事《わざ》を
なせり　善をおこなふ者なし……不義をおこなふ者はみな智覚《さとり》なきか　かれらは物食ふごとく
わが民を食らひ　また主《アドナイ》を呼ぶことをせざるなり」（聖書・詩篇一四）。

二〇二三年九月

［著者］
木村光彦（きむら・みつひこ）
東京生まれ。北海道大学経済学部卒業。1999-2020 年、青山学院大学国際政治経済学部教授。現在、同大学名誉教授。著書『歴史の呪縛を解く——日本とコリア、そしてチャイナの近現代』論創社、2022 年、*The economics of colonialism in Korea: Rethinking Japanese rule and aftermath*, Japan Institute of International Affairs, 2021（原著『日本統治下の朝鮮——統計と実証研究は何を語るか』中公新書、2018 年）、『北朝鮮経済史 1910-60』知泉書館、2016 年、『戦後日朝関係の研究——対日工作と物資調達』同、2008 年（共著者、安部桂司）など。

ロシア対外侵略史——北朝鮮の事例考

2023 年 10 月 10 日　初版第 1 刷印刷
2023 年 10 月 20 日　初版第 1 刷発行

著　者　木村光彦
発行者　森下紀夫
発行所　論 創 社
東京都千代田区神田神保町 2-23　北井ビル
tel. 03（3264）5254　fax. 03（3264）5232
web. https://www.ronso.co.jp/
振替口座　00160-1-155266

装幀／奥定泰之
組版／加藤靖司
印刷・製本／中央精版印刷
ISBN978-4-8460-2311-9　